Iran

Iran
Sharog Heshmat Manesh
Nies Medema

KIT Publishers / Oxfam Novib / 11.11.11

LANDENREEKS

Sharog Heshmat Manesh (1962) is socioloog, docent aan de Hogeschool Amsterdam, publicist en vertaler van de Iraanse moderne dichter Ahmad Shamlu. Hij publiceerde in 1997 het boek *Zoon van de zon, een geschiedenis van de Iraanse cinema 1904-1996*.
Nies Medema (1964) is schrijver, journalist en projectleider bij On File, vakvereniging voor vluchtelingjournalisten en schrijvers. Zij schreef een aantal boeken, waaronder *In de hemel krijg je fruit, berichten uit Iran*, 2001 en maakte radioreportages, onder meer over internetcafés in Teheran.

Omslagfoto: Nader Davoodi. Iraanse steunt het nationale voetbalteam bij een wedstrijd in het Rose Bowl stadion in Los Angeles (1999).

KIT Publishers
Mauritskade 63
Postbus 95001
1090 HA Amsterdam
E-mail: publishers@kit.nl
www.kit.nl/publishers
www.landenreeks.nl

© 2008 KIT PUBLISHERS – Amsterdam

Eindredactie: Hans van de Veen/Bureau M&O, Amsterdam
Kernredactie: Karolien Bais, Marcel Bayer, Robbert Bodegraven, Lianne Damen, Damir Gojkov, Ineke van Kessel, Karel Onwijn, Hans van de Veen
Vormgeving en opmaak: Henny Scholten, Amsterdam
Cartografie: © Geografiek, Willem van den Goorbergh, Utrecht
Productie: Meester & De Jonge, Lochem
Foto's binnenwerk: Bert Spiertz (tenzij anders vermeld)
Lithografie: High Trade, Zwolle
Met dank aan: Mohammad Babazadeh, Tropenmuseum junior, Amsterdam

De Landenreeks is een gezamenlijke uitgave van KIT Publishers, Oxfam Novib en 11.11.11. (België). In de Landenreeks verschijnen titels over landen in Azië, Afrika, het Midden-Oosten, Europa, Latijns-Amerika en het Caribisch gebied. Bezoek de speciale website voor actuele informatie over de leverbare en nieuw te verschijnen titels: www.landenreeks.nl of www.landenreeks.be.
Delen uit de Landenreeks zijn verkrijgbaar in de boekhandel of kunnen besteld worden via www.kit.nl/publishers (Nederland) of www.11.be/winkel (België).
Wie een abonnement neemt op de Landenreeks (7 delen per jaar), krijgt elk deel met korting thuisgestuurd. Abonnementen zijn te bestellen via Oxfam Novib (Nederland) of 11.11.11 (België).

Oxfam Novib
Postbus 30919
2500 GX Den Haag
www.oxfamnovib.nl/webwinkel

11.11.11 uitgeverij
Vlasfabriekstraat 11
1060 Brussel
www.11.be/winkel

ISBN 978 90 6832 444 0
NUR 517/900

Inhoud

Onafhankelijk, vrij en islamitisch? – Inleiding 7

1 Grimmig en toch lieflijk – Land 10
Tamelijk onherbergzaam
Het land in vogelvlucht

2 Etnische verschillen, maar wel één – Bevolking 22
Diversiteit en conflicten
Overwegend sjiitisch

3 Oude beschaving, eigen islam – Geschiedenis 33
Opeenvolgende dynastieën
Democratische ontwikkelingen gesmoord
Islamitische republiek Iran

4 Laveren tussen praktijk en idealen – Politiek 45
Revolutie en oorlog
Economisch herstel en dialoog
Terug naar af?

5 Binnen de poort en daarbuiten – Samenleving 64
Onislamitisch gedrag
De vrouwenbeweging
Een steeds diepere generatiekloof
Sociale voorzieningen

6 Olie als motor – Economie 84
Deel van de Zijderoute
Nieuwe economische politiek

7 Van kwatrijnen naar rap – Cultuur 99
Onvergetelijke poëzie
Grote filmproductie
Muziek en andere kunsten
Sport: worstelen en voetbal

Beweging van binnenuit – Slot 123

Praktische informatie 125

De meeste jongeren zijn pragmatischer dan de idealistische generatie van de islamitische revolutie.

Onafhankelijk, vrij en islamitisch?

Op de stenen boogbruggen over de ruisende rivier Zayandeh Rud in Isfahan reciteren zangers klassieke Iraanse liefdespoëzie. Langs de oevers ligt een lommerrijk park, waar families picknicken en jongeren steels met elkaar flirten. Dat is niet het beeld dat de meeste westerlingen van Iran hebben; op hun netvlies zijn veelal de beelden gebrand van schreeuwende menigten, vrouwen in diepzwarte sluiers met een kalashnikov in de geheven vuist.

Iran kende drie revoluties in de vorige eeuw, waarvan de laatste (van 1978-1979) het meeste opzien baarde. Moslims, socialisten en communisten streden toen zij aan zij tegen de dictatoriale sjah Mohammad Reza Pahlavi, die zij beschuldigden van machtsmisbruik en heulen met het Westen. Dat was niet uit de lucht gegrepen: toen de gekozen leider Mossadeq de olievelden wilde nationaliseren, werd deze door ingrijpen van de CIA en de Britse geheime dienst afgezet. De sjah werd teruggezet op zijn pauwentroon.

Derde weg

De latere opstand tegen de sjah vond plaats onder de leuze: *'esteghlal, azadi, jomhuri-e eslami'* (onafhankelijkheid, vrijheid, islamitische republiek). Iran kreeg als eerste land ter wereld na de revolutie een grondwet die was gebaseerd op islamitische leefregels en wetten. Die waren bedoeld om een eerlijker verdeling van de rijkdom tot stand te brengen en een republiek te stichten zoals God het had gewild. Volgens de islamieten was dit de wens van het volk. Maar wist het volk wat het zou krijgen? De hoofddoek werd door progressieve vrouwen tijdens de revolutie trots gedragen als teken van protest. Dezelfde hoofddoek wordt door velen gehaat sinds deze verplicht is gesteld.

De revolutie voltrok zich midden in de Koude Oorlog. Een keuze leek slechts mogelijk tussen kapitalisme en communisme, maar de leider van de revolutie, ayatollah Khomeini, opteerde voor een derde weg: een islamitische republiek, niet-kapitalistisch en niet-communistisch. Die keuze voor een eigen weg was typisch Iraans, waar een eigen invulling van dogma's en ideeën altijd centraal heeft gestaan.

De jonge bevrijde staat kreeg echter al snel weer een grimmig karakter. Tijdens de achtjarige oorlog met buurland Irak konden de islamitische leiders zich ontdoen van communisten en socialisten; deze werden veelvuldig opgeroepen en naar het front gestuurd. Velen kwamen in verzet, anderen werden gevangen genomen of vluchtten. Na de oorlog was Iran vele 'martelaren' rijker, en vele linkse revolutionairen armer.

Sindsdien schuift de machtsbalans geregeld heen en weer tussen conservatieven en meer hervormingsgezinden. Maar zolang de macht in handen is van de geestelijken zullen er geen fundamentele veranderingen plaatsvinden. Toch is Iran meer dan alleen maar een grimmige totalitaire staat. De verhalen over wilde feesten met drugs in Teheran-Noord zijn bekend. Dat geldt ook voor de beelden van uitzinnig gillende demonstranten die 'Dood aan Amerika!' roepen. In beide gevallen gaat het om relatief kleine groepen mensen.

Familie als veilige haven

De meeste Iraniërs proberen hun leven zo goed en zo kwaad als dat kan te leiden binnen de sociale, politieke en economische marges. Zij leiden een leven in de geborgenheid van hun familie. Kinderen wonen vaak lang in bij hun ouders, die ook deelnemen aan de speurtocht naar een baan en een huwelijkspartner. In Iran fungeert de familie als veilige haven en als sociale dienst. Ouders sparen voor hun kinderen; broers en zussen doen zelden vergeefs een beroep op elkaar. Die geborgenheid kan benauwend zijn. Maar bij gebrek aan verzorgingsstaat, aan veiligheid en aan uitingsmogelijkheden buitenshuis zoeken velen binnen de familie troost en gezelligheid.

De meeste Iraniërs zijn jong; driekwart van hen is geboren na de laatste revolutie. Wie over Iran schrijft kan niet anders dan schrijven over generaties: de generatie van de revolutie, maar juist ook de meer pragmatische jongeren van nu, die de revolutie niet hebben meegemaakt.

De laatste dertig jaar gingen Iraniërs verschillende keren naar de stembus. Ze kunnen dan kiezen uit orthodoxe en iets liberalere islamitische kandidaten. Bij de presidentsverkiezingen van 1997 stemden Iraniërs massaal voor de hervormingsgezinde Khatami. In 2005 won de conservatieve populist Ahmadinejad, die korte metten maakte met de hervormingen. Onder Khatami leken jongeren de republiek voort te duwen naar een meer gematigde vorm. Regels en wetten werden minder streng toegepast, er kwam meer contact met het Westen. Onder Ahmadinejad werden de regels weer verscherpt. Het is de vraag wanneer de slinger weer de andere kant op zal gaan.

Grimmig en toch lieflijk

Als het landschap iets vertelt over de volksaard, dan is dat zeker in Iran van toepassing. Het klimaat is als het imago van het land in het Westen: grimmig. Bitter koud in de winter in de bergen, verzengend heet in de overige jaargetijden. De Kaspische zee en Perzische Golf verzachten de meest extreme kanten van het klimaat, maar slechts in een klein deel van het land. Waar mensen konden hebben ze de omstandigheden zo goed mogelijk aangepast aan hun wensen; of, als dat niet kon, de wensen aan de omstandigheden. Het leven is er vaak zwaar, niet alleen door het klimaat maar ook door de zware smog in de grote steden.

En toch ... overal in dorpen en steden hoor je fonteinen klateren; er zijn verkoelende stroompjes langs de weg, groene parken en rozenperken. Fruithandelaren stallen hun kleurige waren uit, in de bazaars ruikt het naar rozenolie en kardemom. Mensen flaneren langs brede rivieren en dragen gedichten voor. Ook dat is Iran.

Iran ligt in een bijzonder onrustige regio. Buurlanden zijn Turkije en Irak in het westen, Afghanistan en Pakistan in het oosten, en in het noorden Armenië, Azerbeidzjan en Turkmenistan. In het noorden ligt ook de Kaspische Zee, met kleine havensteden als Bandar Anzali. De Zee van Oman gaat bij de zuidelijke havenstad Bandar Abbas over in de Perzische golf. Bandar Abbas is met Bandar Busher en Chah Bahar de belangrijkste haven in het zuiden. Daarnaast zijn er de rivierhavens Abadan en Khorramsjahr aan de rivier de Karun, in de zuidelijke provincie Khuzestan.

Tamelijk onherbergzaam

Als geheel is Iran tamelijk onherbergzaam. Zo'n 90 procent van het land ligt op de Iraanse hoogvlakte, 1.000 m of meer boven zeeniveau. Dat plateau is omringd door bergketens. Het binnenland is grotendeels woestijngebied. Het land is er droog en dor. De bergketens zijn hoog en vaak slecht begaanbaar. Het Alborzgebergte in het noorden is het hoogst; bij de Kaspische Zee is het land het laagst: 28 m onder de zeespiegel. Het landschap kent hier een extreem hoogteverschil: in nog geen 20 km ben je vanuit de Kaspische Zee op 3.000 m hoogte of meer in de bergen. Op dagen dat er weinig smog is boven Teheran kun je de top zien van de hoogste berg, de Damavand (5.671 m).

In de noordwestelijke provincie Azerbeidzjan is een berggebied met een zoutmeer op 1.300 m hoogte, waarin je kunt drijven. In het westen en zuiden ligt het Zagrosgebergte, met toppen van meer dan 4.000 m. In het oostelijke berggebied, aan de grens met Pakistan en Afghanistan ligt een vulkaangebergte.

Groot land, veel buren

Oppervlakte: 1.648.195 km2 (bijna 40x Nederland, 54x België)
Grenzen met de buurlanden: Turkije 499 km, Irak 1.458 km, Armenië 35 km, Azerbeidzjan 432 (plus de enclave Nachitsjevan 179 km), Turkmenistan 992 km, Afghanistan 936 km, Pakistan 909 km
Zeegrenzen: Kaspische Zee, Zee van Oman, Perzische Golf
Belangrijkste rivieren: Karun (890 km lang), Safid Rud (765 km), Karkheh (755 km) en Mand (685 km)
Gebergten: Alborz en Zagros
Woestijnen: Dasht-e Lut en Dasht-e Kavir

Extreem klimaat

Palmenstranden, zoutwoestijnen, eeuwige sneeuw, rijstvelden, groene bossen: het Iraanse landschap is zeer gevarieerd. De hoge bergen in het noorden, oosten en zuiden verhinderen de vochtige zeelucht van de Kaspische zee en de Perzische golf door te dringen naar het binnenland. Iran is een ruig gebied, met een woestijn- en een bergklimaat met droogte, overstromingen en extreme hitte en kou. Er zijn grote temperatuurverschillen in de seizoenen en tussen het noorden en het zuiden van het land. De zomer en de dagen zijn er heet (soms meer dan 40 graden) en de winter en de nachten koud.

In de bergen van Azerbeidzjan in het noordwesten is het 's winters zeer koud. In Tabriz ligt overdag in de winter de temperatuur rond het vriespunt; 's nachts daalt het tot gemiddeld -7. De meeste regen valt ten noorden van het Alborzgebergte. In Rasht valt 1.400 mm per jaar, terwijl elders in Iran maar tussen de 100 en 470 mm regen valt. Het regent gemiddeld honderd dagen per jaar. 's Winters is het 7 graden, 's zomers rond de 26; het maakt de Kaspische zeekust tot een aantrekkelijk vakantiegebied.

Ten zuiden van de Alborzketen ligt Teheran. De bergen houden veel regen en het zachtere zeeklimaat tegen: in Teheran valt maar 230 mm per jaar en het kan er wel 40 graden worden. In het Zagrosgebergte ligt 's winters veel sneeuw. De sneeuwgrens ligt zo rond 1.000 m hoogte. Ook hier werden extreme temperaturen gemeten: tot -34 in de winter en 41 graden in de zomer in Kermansjah.

Het leven aan de Straat van Hormuz en de Perzische Golf is extreem: zeer koud in de bergen in de winter en in de zomer is in de provincie Khuzestan wel eens 54 graden gemeten. Het regent hier vrijwel nooit. De hoge luchtvochtigheid en de hete lucht maken het leven voor mensen onaangenaam. De laagvlakte bij Ahvaz heeft een iets milder klimaat. Ook waait in de winter soms de Nashi-wind, die koele lucht meebrengt vanaf de Iraanse hoogvlakte.

Heet en droog is het zuidoosten met veel wind in de zomer en winter en temperaturen tot wel 50 graden. De zogenoemde Sistan-wind waait tussen twee bergruggen door en bereikt snelheden van 160-190 km per uur. In het noordoosten is het klimaat iets milder. In de stad Mashhad wordt het niet heter dan 40 graden en niet kouder dan -24. Droogte kenmerkt het binnenland. Er valt niet meer dan 150 mm regen per jaar. In deze regio zijn een paar keer per jaar stofstormen. Het stof reikt tot 1.500 m.

Natuurrampen
Iran wordt regelmatig geteisterd door aardbevingen. De laatste grote aardbeving in 2003 verwoestte de stad Bam in het zuiden en de pre-islamitische citadel Arg-e Bam.

Zowel droogte is een probleem als overstromingen, wanneer er plotseling teveel regen valt of als de sneeuw uit de bergen gaat smelten. In de omgeving van de twee grote woestijnen Dasht-e Lut en Dasht-e Kavir worden bewoners geplaagd door stof- en zandstormen.

Foto's uit het puin van Bam

In 2003, op tweede kerstdag, werden de stad Bam en haar beroemde citadel getroffen door een aardbeving met een kracht van 6,3 op de schaal van Richter. Naar schatting 43.000 mensen (een derde van de inwoners) kwamen om en tweederde van de stad werd vernield. Sinds 2004 staat Bam op de Werelderfgoedlijst van Unesco. Er wordt gewerkt aan het herstel van de citadel.
Fotografe Parisa Damandan vetrok een paar dagen na de aardbeving naar Bam. 'Ik ben geen hulpverlener, maar wat ik wilde doen is de foto's die er nog waren redden. Er was al zoveel dierbaars verloren gegaan van de mensen. Sommigen hadden niets meer. Ik ben gaan graven in het puin bij de fotowinkels en heb gelukkig sommige mensen blij kunnen maken met foto's van hun verloren geliefden.'
De Nederlandse filmmaakster Aliona van der Horst maakte over de overlevenden van de aardbeving een jaar na de aardbeving de film Voices of Bam (2005). Ze gebruikte daarbij ook de foto's die zijn teruggevonden. De film toont hoe de mensen leren leven met het verlies en hoe ze in tenten en containers hun leven weer opbouwen.

Het land in vogelvlucht

Iran is verdeeld in 30 provincies en zo'n 200 districten. Een district bestaat uit een aantal gemeenten en een centrale stad. Alle plaatselijke bestuurders worden benoemd door de centrale regering. De provincies, districten en gemeenten hebben allemaal hun eigen raad, die wordt gekozen door de lokale bevolking.

Platteland

Een derde van alle Iraniërs woont op het platteland, waar ze vooral in de landbouw werken. Sinds de revolutie van 1979 zijn er veel ontwikkelingsprojecten gestart op het platteland: de bouw van scholen en ziekenhuizen, aanleg van wegen, elektriciteit, drinkwatervoorzieningen en de mechanisering van de landbouw. Vrijwel elk dorp heeft elektriciteit en schoon water en een redelijke weg naar de dichtstbijzijnde grote stad. Studenten medicijnen, die met een beurs van de staat gestudeerd hebben, werken verplicht de eerste twee jaar na hun studie in een ziekenhuis of polikliniek op het platteland of in een kleine stad.

De overheid heeft in elk dorp een geestelijk leider aangesteld die samenwerkt met de revolutionaire Garde (*Sepah Pasdaran*). Daardoor is het dorpshoofd minder belangrijk geworden; de centrale overheid heeft op deze manier directe politieke controle over het platteland. De lokale geestelijk leiders hebben zowel contact met de Garde als met het politieke bestuur van de dorpen. Voor de verkiezingen worden de kandidaten van de regio uitgenodigd om hun politieke agenda te bespreken met de bevolking.

De regering heeft na de revolutie op grote schaal alfabetiseringscampagnes uitgevoerd. Dit heeft geleid tot aanzienlijk verlaging van het analfabetisme. Mede daardoor brengen steeds meer arme dorpelingen bij verkiezingen hun stem uit; de meeste van hen stemmen op conservatieve politici, zoals Ahmadinejad.

Reizen per vliegtuig, bus en trein

Lange reizen gaan in Iran in de regel per bus of trein. Wie het zich kan permitteren neemt het vliegtuig, de tickets zijn in westerse ogen heel goedkoop: zo'n 45 tot 75 euro voor een vlucht. Het spoornetwerk in Iran is wel lang, maar niet wijdvertakt. Er gaat een lijn in het noorden (vanuit Istanbul) van west naar oost, met een aftakking naar het zuiden. In 1996 werd onder veel gejuich een verbindend stuk spoorlijn geopend langs de Zijderoute: tussen Iran en Turkmenistan.

Tot vóór de revolutie was de infrastructuur, het wegennetwerk, eerst in Duitse en daarna in Amerikaanse handen. Iran moest een nieuwe partner vinden. Dit werd nog belangrijker toen de Irak-Iran oorlog voorbij was en het vernietigde netwerk hersteld moest worden. Chinezen en Russen waren samen met India bereid te werken aan verbetering van de infrastructuur. De aanleg van landelijke spoorlijnen en het vervoer in de grote steden kwam in handen van Chinezen. De metro van Teheran, dijken voor de watervoorzieningen en verschillende nieuwe luchthavens werden gebouwd door Chinese, Indiase en Russische staatsondernemingen.

De belangrijkste steden

De hoofdstad Teheran bezoek je niet vanwege haar schoonheid. Wie het zich kan permitteren gaat in zijn vrije tijd de stad uit, ook om de smog te ontvluchten. Iraniërs wonen in Teheran voor hun werk, om er te studeren of omdat ze er geboren zijn. Of omdat het de hoofdstad is, waar meer gebeurt en meer mag dan in de rest van Iran. Door Teheran loopt een lange weg: Vali-Asr. Wie die weg van noord naar zuid volgt, komt van het rijke deel van de stad terecht in het arme deel. Het noorden van de stad ligt al tegen de bergen aan; het is er wat frisser en de lucht is er iets schoner. Daar liggen de ommuurde villa's met rozentuinen. Het zuiden is waar de minder gefortuneerden wonen en de sloppenwijken beginnen.

Inwoners grote steden (in miljoenen)

Teheran 7,3
Mashhad 2,1
Isfahan 1,3
Tabriz 1,3
Shiraz 1,2
Bron: EIU 2007

Teheran werd pas tegen de 19de eeuw hoofdstad en politiek centrum. Het handelscentrum van oudsher was Isfahan. Shiraz is de stad van dichters en bloemen. De religieuze hoofdstad is Qom, waar de sjiitische imams worden opgeleid. Het belangrijkste bedevaartsoord in Iran zelf is Mashhad.

Isfahan
'De helft van de wereld' (*nesf-e jahan*) wordt deze stad in genoemd. Echt bescheiden klinkt dat niet, maar wie eenmaal Isfahan gezien heeft, moet erkennen dat het een zeldzaam mooie stad is. Met de Zayandeh Rud, die breed door de stad stroomt en waarover middeleeuwse boogbruggen lopen. Onder die bogen hoort men dichters zingen. Zwaluwen scheren boven de rivier. Langs de waterkant is een groene strook: gezinnen en jongeren flaneren er en er wordt verstolen of openlijk geflirt. Je kunt je ook nestelen in de kussens van het theehuis in de binnentuin van het Abbassi-hotel, waar flinterdun suikergoed wordt geserveerd bij een fijn glaasje thee en oude muziek. Na de middagrust, als de hitte van de dag voorbij is, kan men een korte wandeling maken naar het beroemde Imam-plein. Dit plein is zo groot dat er maar liefst twee moskeeën aan passen, evenals een grote bazaar en het beroemde Ali-Ghapupaleis.

Iraniërs geven de voorkeur aan Isfahan óf aan Shiraz. In Shiraz is het sociale klimaat vrijer. Isfahan, waar ook veel Armeniërs wonen, ligt aan de Zijderoute en is van oudsher een handelsstad. Dat zorgt tegen de verwachting in juist niet voor een pragmatische maar voor een tamelijk conservatieve sfeer. De steile religieuzen wonen in Isfahan. Het flirten langs de Zayandeh Rud was in de eerste jaren na de revolutie onmogelijk, omdat er heel streng gecontroleerd werd door de zedenpolitie.

Shiraz
Shiraz, stad van dichters en rozen, is de hoofdstad van de zuidelijke provincie Fars en bakermat van de Perzische cultuur. De stad ligt in de luwte van bergen, die een natuurlijke bescherming tegen vijanden vormen. In die betrekkelijke rust heeft zich een bijzondere cultuur ontwikkeld, die wordt geprezen om haar hoffelijkheid.

Men gaat er naar de tomben van de dichters Hafez en Sadi. Van beide dichters zijn inmiddels vertalingen in het Nederlands verschenen. De hele dag door lopen mensen af en aan. En er staan families in dof zwart te prevelen bij de marmeren tomben. Verbazingwekkend is het hier zoveel religieuzen te zien, want Hafez dichtte vaak en veel over vrouwen

Toeristen in de Dasht-e Kavir, de Grote Zoutwoestijn.

en wijn. Maar wie goed leest, zeggen de gelovigen, ziet dat hij daarmee God bedoelde. De dichter werd dronken van Gods liefde. Met deze interpretatie was het mogelijk het belangrijke erfgoed te behouden. Het belang van Hafez voor de Iraniërs is groot. Mensen citeren zijn werk uit hun hoofd, en concerten van vertolkers van zijn verzen worden goed bezocht.

In de buurt van Shiraz liggen de resten van Persepolis (de Griekse naam voor de oude stad Parsa, stad der Perzen). In Iran wordt de ruïne *Takhte Jamshid* genoemd: troon van koning Jamshid. In deze stad kwamen elk jaar tijdens Now Ruz belangrijke gasten de sjah eer betuigen.

Uitjes en vakantie

Terwijl de weinige westerse toeristen in Iran vooral op zoek gaan naar cultureel erfgoed in de steden, zoeken Iraniërs zelf het liefst het noorden op, vanwege het relatief koele klimaat. Rijke Iraniërs willen een huis in de heuvels aan de kust, anderen logeren in hotels of bij familie. Vrouwen kunnen er zwemmen, zij het met jas aan en hoofddoek op.
In de weekends gaan stedelingen naar een park of naar heuvels buiten de stad om in de schaduw van bomen bij een stroompje te picknicken. Omdat Iran veel bergen heeft zijn bergbeklimmen, wandelen en skiën geliefde sporten. Skigebieden vind je in het Alborzgebergte, ten noorden van Teheran.
Sommigen gaan op vakantie naar Kish, het zuidelijke eiland in de Zee van Oman, waar de leefregels wat minder strak zijn en een vrouwenstrand is afgebakend voor de zwemsters die zonder lange jas het water in willen. Ook is de belasting op huishoudelijke spullen en tv's er minder hoog. Het wemelt op Kish van de shopping malls, met airconditioning. Soms mogen vrouwen er in het openbaar zachtjes meezingen met de muziek.

Vanuit Iran veroverde de waterpijp (nargile) de wereld. Mannen en vrouwen kunnen samen genieten van de pijparoma's in de vele theehuizen.
Foto: Annelies van Brink

In West-Iran wonen zo'n 4,5 miljoen Koerden, verdeeld in verschillende stammen met hun eigen dialecten. Velen leven als nomaden en hoeden schapen of wonen in bergdorpen. De mannen dragen vaak traditionele kleding en de vrouwen weven dikke wollen tapijten die ze op de markt verkopen. Foto: Annelies van Brink

Mashhad

Dit is Irans belangrijkste bedevaartoord. Het heiligdom zelf is zo groot als een dorp waar je uitgebreid in kunt ronddwalen. De meeste mensen komen er om de zegen af te smeken van imam Reza, een van de opvolgers van de profeet Mohammed. Imam Reza heeft beloofd een goed woordje te doen voor de gelovigen: hij is de beschermer tegen de gruwelen van de hel. Aan hem kun je je zorgen vertellen. Hij verricht ook wonderen, zelfs twaalf eeuwen na zijn dood. In Mashhad worden zieken genezen, zeggen ongeletterde gelovigen. Maar ook intellectuelen zweren dat blinden die de schrijn aanraken weer kunnen zien. Sommige zieken brengen er dagen, anderen zelfs weken door, wachtend op een wonder. Het heiligdom gaat nooit dicht.

Tabriz

In het noordwesten van Iran, in de provincie Oost-Azerbeidzjan ligt de stad waar veel Azeri en christelijke Armeniërs wonen. In 1501 werd de stad veroverd door de Savafiden, die de sjia-islam met zich meebrachten. In de loop van de tijd heeft dit geloof zich over Iran verspreid.

Qom

Qom is sinds de laatste revolutie een belangrijke plaats. Dit is de hoofdstad van de sjiitische theologen: Khomeini studeerde hier, evenals vrijwel alle religieuze leiders van Iran. In Qom is ook de tombe van de heilige Fatima, de zus van Imam Reza (die in Mashhad de pelgrims trekt). Vrouwen gaan er vrijwel allemaal gekleed in chador, veel mannen dragen baarden en tulbanden.

Etnische verschillen, maar wel één

Iran draagt vele tegenstellingen in zich: natuurlijke (hete zomers en koude winters, palmenstranden en skigebieden), culturele (mystieke zangers en houseparty's, middeleeuwse moskeeën en een overvloed aan weblogs), politiek-religieuze (wereldvreemde soefi's en machtige geestelijk leiders) en sociale tegenstellingen (prachtige villa's en grote sloppenwijken). Ook in de volksaard zijn grote tegenstellingen te bespeuren. Iraniërs worden geroemd als uitermate vriendelijk, maar ze kunnen ook hartstochtelijk haten.

Misschien komt het omdat West-Europeanen vaak wat terughoudend zijn in het ontvangen van onbekende gasten, misschien omdat het imago van de staat Iran zo grimmig is: feit is dat westerlingen die Iran bezoeken of bij Iraniërs op bezoek gaan zich vaak verbazen over hun vriendelijkheid, hoffelijkheid en gastvrijheid. Wie op straat loopt wordt vaak al snel uitgenodigd om mee te eten, of te komen logeren. Alles wordt in het werk gesteld om het de bezoeker naar de zin te maken.

Zoals het woord gezellig wordt gebruikt om de Nederlandse sfeer te karakteriseren, zo is *tarof* een begrip dat Iraniërs kenschetst. In het taalgebruik zijn er veel manieren om beleefd iets te vragen; bij een telefoongesprek gaan er altijd een paar minuten voorbij met het informeren naar elkaars welstand en die van de familie tot in de derde graad, voordat men tot de kern van de zaak komt. Logeren kan altijd en zo lang als men maar wil, al wordt er wel eens achter zijn rug gezucht als oom Hassan zichzelf heeft uitgenodigd voor een maand of drie; het is *not done* om een gast te vragen te vertrekken. De gast wordt geacht eerst twee keer te weigeren, voordat hij het eten of drinken accepteert dat hem wordt aangeboden. Voor de directe Hollanders is dit wennen. Men heeft al snel het gevoel een olifant in een porseleinkast te zijn. In het algemeen geldt dat een vreemdeling veel wordt vergeven. Dat ter geruststelling.

Opvallend is Irans eigenzinnigheid. Khomeini sprak niet voor niets over een derde weg voor zijn geboorteland. Iran heeft een lange traditie als het gaat om het vinden van eigen wegen. Hier ontstond een eigen variant van de islam: de sjia-islam. Iran is de enige (min of meer) democratische theocratie in de wereld. In het Midden-Oosten is het met Israël en Turkije het enige land dat niet overwegend Arabisch is. Daarnaast is het een van de weinige landen die de hegemonie van de VS durft aan te vechten. De eigenzinnigheid van individuele Iraniërs blijkt ook in het Westen, getuige de vele vluchtelingen die in Europa en de VS actief deelnemen aan het publieke debat.

Bevolking: razendsnelle groei

Omvang 1991: 55,8 miljoen
      2007: 71,2 miljoen
      prognose 2050: 101,9 miljoen
Bevolkingsgroei: 1,3% (gem. 2005-2010)
Levensverwachting: mannen 70 jaar; vrouwen 73,3 jaar
Aantal kinderen per vrouw: 2,03
Zuigelingensterfte (per 1.000): 28
Bron: UNFPA 2007

Etniciteit en talen

Bevolkingsgroepen: Perzen 51%, Azeri's 24%, Gilaki en Mazandarani 8%, Koerden 7%, Arabieren 3%, Baluchi's 2%, Lori's 2%, Turkmenen 2%. Verder zijn er nog kleine groepen Turken, Armeniërs, Joden, Zarathustra en Assyriërs. Belangrijkste talen: Perzisch (Farsi), Azeri (een Turkse taal), Koerdisch en Arabisch.

Diversiteit en conflicten

Slechts een krappe meerderheid van de Iraniërs is Pers. Daarnaast zijn er diverse andere bevolkingsgroepen, zoals de Turkstalige Azeri's, Koerden, Gilaki en Mazandarani (twee volken uit de noordelijke provincies). De centrale overheid heeft altijd rekening moeten houden met de verschillende etnische groepen; iedere grotere bevolkingsgroep moest deelnemen aan het bestuur. Omdat dat in de praktijk ook gebeurde, boekten separatistische bewegingen geen grote successen. De achtergestelde delen van het land wilden, liever dan zich af te scheiden, meer toegang tot de sociale en andere voorzieningen die de centrale staat bood. Het nationale gevoel, het Iraniër-zijn, leeft bij de meeste mensen. Onderling is er wel kritiek, maar als een buitenstaander iets negatiefs durft te zeggen sluiten de rijen zich. Toch zijn er de laatste jaren meer separatistische bewegingen actief.

Nomaden

In Iran wonen ook nomadenstammen, zoals de Baluchi's in het zuidoosten en de Bakhtiari en Ghashgai in het zuidwesten. Zij leven 's winters op de vlakten van Khuzestan en Fars, en in de zomer in het Zagrosgebergte. In het noorden, in de provincie Oost-Azerbeidzjan, leven Sjahsavan. In het noorden wonen ook semi-nomadische volkeren, die 's winters een vaste verblijfplaats hebben in dorpen aan de Kaspische Zee en 's zomers met hun vee rondtrekken.

Opstandig Khuzestan

De tegenstand tegen de centrale regering in de zuidelijke provincie Khuzestan varieert van bomaanslagen tot en met een grote opstand tegen de sjah in de periode 1970-1980. De provincie Khuzestan is belangrijk vanwege de olieproductie en de staalindustrie. Voor de Iraanse overheid is rust in deze regio van groot belang. De centrale overheid plaatst er daarom de meest ervaren bestuurders, medewerkers van de geheime dienst en militairen.

Khuzestan heeft al zeventig jaar, sinds de ontdekking van olie, een enorme aantrekkingskracht op werkzoekenden. De oorspronkelijke Arabischtalige bewoners raken door deze toeloop in de minderheid. Zij zijn van oorsprong nomaden, die in de woestijn met hun vee woonden. De leiders van deze etnische groep ontwikkelden niet een eigen politiek programma voor de regio, maar spekten vaak hun eigen kas. Toen bijvoorbeeld halverwege de vorige eeuw de Britten de Karun wilden ontsluiten voor handel, kochten zij de steun van plaatselijke sjeiks. De feodale stamhoofden hebben ondertussen veel van hun vroegere macht moeten opgeven. Hoewel de Arabischtalige bevolking op een goudmijn woont, behoort zij tot de armste etnische groepen. Zij heeft een aanzienlijke achterstand op de arbeidsmarkt en in het onderwijs en heeft weinig politieke invloed. Deze sociale ongelijkheid leidt al tientallen jaren tot maatschappelijke spanningen. De Arabischtalige groep wordt door de Farsi-bevolking nogal eens negatief afgeschilderd, als potentiële verkrachters, dieven, drugshandelaars en onzedelijke figuren.

Farsitalige bewoners van Khuzestan steunden tijdens het bewind van ex-president Khatami de Arabischtalige hervormingsgezinde parlementskandidaten. Bij de laatste verkiezingen werden deze kandidaten afgewezen door de conservatieve Raad van Hoeders. Daardoor ontstond veel protest, dat in de hoofdstad Ahvaz leidde tot gewelddadige demonstraties. In januari 2005 wilde president Ahmadinejad een werkbezoek brengen aan de provincie Khuzestan, maar dit werd 'vanwege slechte weersomstandigheden' afgelast. De dag daarvoor waren op de verschillende plaatsen in Ahvaz bommen ontploft. Vier burgers werden gedood en talloze mensen raakten gewond. In september van dat jaar vond een grote aanslag plaats op een belangrijke oliepijpleiding. In de steden Dezful en Abadan ontploften bommen in verschillende provinciegebouwen.

Vrij Koerdistan?

Het Amerikaanse ministerie van Defensie liet in 2005 door de militaire inlichtingdienst onderzoek doen naar de verdeeldheid onder etnische groepen in Iran, om bij een eventuele inval te weten van welke kant mogelijk steun valt te verwachten. Morteza Esfandiari, de vertegenwoordiger van de Democratische Partij van Iraans Koerdistan verleende medewerking aan het onderzoek, vermoedelijk in de hoop van het Iraanse Koerdistan een semi-vrije zone te maken, zoals Iraaks Koerdistan is sinds de val van het Saddam-regime. Volgens de regering steunen de Amerikanen in de Koerdische gebieden van Iran groepen gewapende militanten. Veel Koerden beschouwen de Iraanse regering inderdaad als hun onderdrukker. Mochten de Amerikanen ooit binnenvallen, dan zullen de Koerden zich hoogstwaarschijnlijk niet aan de kant van de centrale regering scharen. Maar de Iraanse regering weet ook dat sommige linkse Koerdische groepen in deze provincie wel degelijk anti-Amerikaans zijn. De centrale regering pakt hen daarom niet al te hard aan.

Sistan en Baluchistan
Na het einde van het Taliban-tijdperk in Afghanistan is het geweld in deze provincie toegenomen. Volgens de Iraanse regering zetten de Amerikanen de Baluchi's aan tot geweld om deze regio te destabiliseren. Door Sistan en Baluchistan loopt de drukke drugssmokkelroute van Afghanistan naar Europa.

Provinciehoofdstad Zahedan werd de laatste twee jaren geteisterd door verschillende bomaanslagen. De meerderheid van de bewoners behoort tot de etnische groep van de Baluchi's. De meeste bomaanslagen zijn gericht tegen militairen of staatsbeambten. In maart 2006 werden twee jongemannen wegens hun betrokkenheid bij de bomaanslagen in het openbaar opgehangen. Volgens de Iraanse regering hadden ze verklaard lid te zijn van een gewapende Baluchi-oppositiebeweging.

De meeste Baluchi's zijn soennitische moslims; ze klagen al jaren over discriminatie door de Iraanse overheid. De procureur-generaal van de provincie beschuldigde hen echter van betrokkenheid bij drugshandel en terroristische activiteiten en banden met buitenlandse regeringen.

Afghaanse migranten
Afghaanse arbeidsmigranten werden in de jaren zeventig van de vorige eeuw massaal toegelaten. Onder de sjah werd gebruik gemaakt van hun goedkope arbeid, vooral binnen de bouwsector. Na de islamitische revolutie vond opnieuw een grote instroom van Afghaanse vluchtelingen plaats. Tot begin deze eeuw waren er naar schatting 2,5 miljoen Afghaanse migranten in het land. De meeste van hen wonen in krottenwijken of op de bouwplaatsen waar zij tijdelijk werken. Slechte beloning en discriminatie zijn hun voornaamste problemen.

Onder Ahmadinejad is een terugkeerbeleid ontwikkeld voor deze Afghaanse migranten. De conservatieven vrezen dat de Afghanen onder invloed van de VS ingezet worden voor de politieke destabilisatie in Iran. Het terugkeerbeleid komt er kortweg op neer dat hele families de grens worden overgezet. Sommigen zijn dertig jaar niet in Afghanistan geweest en moeten zich daar maar zien te redden. Wel worden ze begeleid door de UNHCR, de vluchtelingenorganisatie van de Verenigde Naties. Volgens de VN zijn er tot 2007 rond de 1,35 miljoen Afghanen teruggekeerd.

Iraakse vluchtelingen

Tijdens de regering van de sjah, in de jaren zestig en zeventig, werden Iraakse vluchtelingen in Iran selectief toegelaten. In Irak voerden sjiieten en Koerden politieke oppositie. Leden van de sjiitische politieke beweging waren niet welkom, omdat de sjah zelf al genoeg te stellen had met de Iraanse sjiieten. De Koerden werden wel gesteund, omdat zij de militaire positie van Saddam Hoessein verzwakten. In de jaren zeventig openen de Iraakse Koerden in Iran een kantoor, en zij kregen politiek asiel. Na de revolutie werden Iraakse sjiieten niet alleen in Iran toegelaten maar ook openlijk gesteund. Toen de Irak-Iran oorlog begon werd deze steun versterkt. Daarnaast werden de Koerdische groeperingen ondersteund in Iran en Koerdisch Irak. Na de val van Saddam Hoessein keerden vele van deze vluchtelingen terug naar Irak om daar belangrijke politieke posities in te nemen. Zij hebben vaak nog familie in Iran en velen zijn getrouwd met sjiitische Arabischtaligen.

De positie van Koerdische en sjiitische vluchtelingen was relatief goed, veel beter dan die van Afghaanse vluchtelingen. De sjiitische Iraakse gemeenschap in Iran werkt als politiek adviseur van de Iraanse regering. Daarnaast is zij betrokken bij de organisatie van pelgrimstochten naar de belangrijke sjiitische pelgrimsoorden Najaf en Karbala en de economische activiteiten die daarmee samenhangen. Men onderhoudt contacten met bazari's in Irak en is intermediair voor religieuze ondernemers in de sjiitische gebieden. Ook de bouw van moskeeën en het onderhoud van belangrijke religieuze bedevaartsmonumenten is in hun handen. Op deze manier hebben zij ook invloed op de religieuze groepringen in Irak. Zij zijn daarnaast betrokken bij import en export van levensmiddelen.

Momenteel neemt Iran geen vluchtelingen uit Irak meer op. Iraakse vluchtelingen vertrekken vooral naar andere Arabische landen. Iran beschouwt de meeste vluchtelingen nu als Saddam-aanhangers.

Overwegend sjiitisch

De meeste Iraniërs zijn sjiieten. Het twaalver sjiisme erkent Mohammed als profeet, maar verschilt van mening met de soennieten over de vraag wie de waardige opvolger is van Mohammed. Sjiieten zien de afstammelingen van Ali, de neef en schoonzoon van Mohammed als de ware opvolgers. Twaalf imams hebben de profeet Mohammed opgevolgd. Ali, zijn neef en schoonzoon, was de eerste imam. Zijn volgelingen hebben zich naar hem genoemd: sji'i is een afkorting van sjiat Ali, de partij van Ali. De twaalfde imam is niet gestorven, maar verdwenen; hij leeft in het verborgene. Op zijn terugkomst wachten sjiieten.

De echt grote imams hebben eenzelfde soort rol als de paus. Er zijn echter meer geestelijken die imam genoemd worden; een imam is iemand die gelovigen de goede richting wijst. Sjiieten hebben allemaal de plicht een leraar te zoeken en zijn adviezen op te volgen. Een imam kan meer of minder aanhangers hebben, maar slechts één imam wordt aangewezen als de wijste van zijn tijd. Hij is bevoegd alle gelovigen te leiden.

Opmerkelijk is dat in de islamitische republiek in het openbare leven behalve de aangepaste kleding nauwelijks tekenen van de islam te vinden zijn. De oproep tot gebed wordt zelden of nooit op straat gehoord. De vijf zuilen van de islam – *sjahadah* (geloofsbelijdenis), *salat* (rituele gebeden), *zakat* (liefdadigheid), *saum* (vasten tijdens ramadan) en *hadj* (pelgrimage naar Mekka) – zijn niet opvallend aanwezig.

Soennieten
Zo'n 10 procent van de Iraniërs is soenniet, zij volgen de afstammelingen van Aboe Bakr, de eerste van de kaliefen. Soennieten zijn overwegend Koerden, Baluchi's en Turkmenen, die in het noodwesten, zuidoosten en noordoosten van Iran wonen.

Soefi's
De mystieke variant van de islam is het soefisme, dat rond de zesde eeuw n.Chr. ontstond. De eerste soefi-orden ontstaan twee eeuwen later. Een kenmerk van sommige soefi-orden is dat men gelooft dat ieder God in zichzelf draagt en als opdracht heeft hem daar te zoeken.

Bekend is de dans van de derwisjen, die ronddraaien om in een trance te geraken. Stichter van deze orde was de dichterfilosoof Rumi in de 13de eeuw.

Na de revolutie zijn diverse Soefi-bewegingen actief geworden. Zij kregen vanaf het begin van de revolutie ondersteuning van westerse vrijmetselaars. De islamitische republiek ervaart deze bewegingen als politiek riskant, aangezien de soefisten niet één waarheid over God accepteren en vooral het goddelijke in zichzelf willen erkennen. De geestelijken vonden ook de buitenlandse betrekkingen verdacht en verboden de soefi-orden hun activiteiten publiekelijk voort te zetten of nieuwe leden te werven.

Zoroasters

Zoroastrisme wordt gezien als de oorspronkelijke godsdienst van Iran. In Yazd en Kerman zijn de grootste gemeenschappen van zoroasters. Zarathustra (in het Grieks Zoroaster en in het Iraans Zartosht) was een Iraanse profeet en dichter. Er zijn verschillende interpretaties van zijn geboortejaar en -plaats. In zijn openbaring ziet Zartosht het universum als de eeuwig terugkerende strijd tussen waarheid en leugen. Mensen, die beschikken over een vrije wil, kunnen hieraan bijdragen door het goede te denken, te zeggen en te doen. Er zijn twee machten: *Ahura Mazda* staat voor het goede (hij wordt afgebeeld als een vogel) en *Ahriman* staat voor het slechte.

Toen in de zevende eeuw de islam zijn invloed ging uitbreiden, verminderde het aantal zoroasters. De schattingen variëren nu van 15.000 tot 25.000 in Iran en ongeveer tien keer zoveel wereldwijd. In India leven sinds generaties zoroasters, zij worden Parsi's genoemd. Behalve de viering van *Now Ruz* zijn er nog andere zoroastrische gebruiken overgebleven in Iran. Sommige bomen en bergen worden vereerd. De beeltenis van Ahura Mazda wordt gebruikt in huizen, op T-shirts en als gouden sieraad. Sommige Zoroasters zijn Iraanse nationalisten, die beweren dat de islam wezensvreemd is in Iran. Zij claimen vrijdenkerschap en verlicht denken op grond van de zoroastrische historie.

Now Ruz

Now Ruz betekent letterlijk nieuwe dag en is het belangrijkste Iraanse feest. De viering begint op de eerste dag van de lente, 20 of 21 maart, en eindigt na dertien dagen op Sizda Bedar. Tijdens Now Ruz zouden beschermengelen (*Forouhars*) naar de aarde afdalen. Om hen te verwelkomen maakten de mensen hun huizen schoon en stookten vuren op de bergen. Het Iraanse nieuwjaarsfeest is niet toevallig het begin van de lente, een feest van de terugkeer van de zon en het licht. Now Ruz is een moment van loutering en verzoening, van dood en leven, en van hoop op een nieuw begin en een beter leven.

Het feest begint met *Chaharshanbezuri* in de laatste week van het jaar. Traditioneel springen mensen over vuur om de ziel te reinigen (een zoroastrisch gebruik). De spreuk die daarbij hoort is: 'Neem mijn bleekheid, en geef me je rode gloed' (wat staat voor gezondheid). Tijdens Now Ruz staan in elk Iraans huis zeven voorwerpen op tafel die in het Farsi beginnen met een S, de *Haft Sin* (7 keer S). In het zoroastrisch geloof stonden deze objecten voor de heilige zaken van de schepping: appel (*sieb*), wat staat voor gezondheid en schoonheid; groenten (*sabzeh*) zoals spruiten van linzen, die wedergeboorte voorstellen; een zoete pudding van ontkiemd graan die de ultieme verfijning van de Iraanse kookkunst representeert (*samanoe*); knoflook (*sir*) oftewel medicijn; azijn (*serkeh*), leeftijd en geduld voorstellend; bessen (*somaq*) die staan voor de kleur van de zonsopgang; en de zoete vrucht van de lotus (*sendzjed*).

Zeven is een heilig getal in veel culturen. In de overtuiging van Zarathustra waren er bijvoorbeeld zeven engelen. Door de eeuwen heen is de gewoonte om met Now Ruz zeven soorten planten of zaden te laten groeien als symbool van het opnieuw starten van het leven. Op de tafel zijn nog meer symbolische zaken te vinden. Zo worden er munten neergelegd voor voorspoed en rijkdom, een mand met beschilderde eieren voor vruchtbaarheid, een sinaasappel (de aarde) in een schaal met water (het heelal), een goudvis in een kom als symbool van het leven. Ook staat er een spiegel (die het heilige licht reflecteert en vermenigvuldigt), met aan weerszijden een brandende kaars voor ieder kind in de familie. De kaarsen staan voor geluk.

Sizda Bedar (dertiende dag) is de laatste feestdag van Now Ruz. Met Sizda Bedar gaat men met de hele familie naar buiten om te picknicken. Men is van mening dat het ongeluk brengt die dag thuis te zijn. Het liefst wordt dat gedaan met groepen familie en vrienden. Tijdens Now Ruz hebben schoolkinderen twee weken vakantie. Het is de dag dat de Iraniërs nieuwe kleren aantrekken, lekkere hapjes eten, bij elkaar op bezoek gaan en cadeautjes geven. Now Ruz wordt niet alleen in Iran gevierd, maar ook door Koerden en de meeste Afghanen. Het is ook een nationale feestdag in Oezbekistan, Tadzjikistan, Azerbeidzjan en Kazachstan en een heilige dag voor volgelingen van het soefisme en het bahai-geloof.

Heidens ritueel in islamitische staat

Na de vestiging van de islamitische republiek waren er plannen het nationale feest te veranderen: het 'heidense' Now Ruz zou plaats moeten maken voor de viering van de geboorte van de profeet Mohammed of het islamitische Suikerfeest. De meeste mensen weigerden echter Now Ruz te negeren en zo is het feest gebleven.
Na de oorlog met Irak werd het volgens de Iraanse regering belangrijk zich te onderscheiden van andere (soennitische) islamitische landen. Nu werden de zoroastrische rituelen ingezet om de bijzondere rol en oorsprong van Iran te benadrukken.

Bahai

Bahai is de jongste wereldgodsdienst. Het geloof vond zijn oorspong in Iran in de 19de eeuw. De eerste boodschapper was Mirza Ali Mohammad (1819-1850), zijn bijnaam was *Bab* (poort). Hij was de voorloper van Mirza Hossein Ali, ook *Baha Ullah* (Glorie van God) genaamd, die eenheid onder de volken predikte. 'De wereld is slechts één land waarvan alle mensen de burgers zijn.' Bahai's geloven in de ontwikkeling van godsdiensten, steeds nieuwe profeten zullen komen totdat de eenheid onder volkeren en de wereldvrede is verwezenlijkt. Baha Ullah was de laatste profeet.

De Bahai (naar schatting 300.000) worden in Iran vervolgd. De Bahaigemeenschap zelf claimt 200 doden sinds de revolutie, en verhaalt bovendien van martelingen (vanwege het geven van godsdienstonderwijs aan kinderen) en uitsluiting van universitaire studie. Sinds 2005 worden Bahai vaker opgepakt en beschuldigd van bijvoorbeeld 'propaganda tegen de regering'. Meestal worden ze vervolgens op borgtocht weer vrijgelaten, maar verkeren in afwachting van hun proces in grote onzekerheid. Het is Bahai niet toegestaan eigen godshuizen te bouwen. Ook worden hun huwelijken niet erkend, tenzij ze een andere godsdienst aannemen.

Christenen en joden

Christendom en jodendom worden erkend, maar het praktiseren van deze geloven is lastig. Zoroasters, christenen en joden worden gezien als *haram*, onrein. Veel joden en christenen zijn na de revolutie uit Iran vertrokken. Naar schatting leven er zo'n 300.000 christenen (de meeste zijn Armeniërs) en 25.000 joden in Iran.

Oude beschaving, eigen islam

De eerste melding van bewoning in het gebied dat nu Iran heet, stamt uit de tijd van de Assyriërs, 844 v.Chr. Het vermoeden bestaat dat het gebied al rond 1500 v.Chr. werd bewoond; archeologische vondsten wijzen zelfs op menselijke bewoning in het vierde millennium v.Chr. Rond 1500 v.Chr. kwamen grote migratiestromen op gang, die deels ook richting Europa gingen. Die eerste stammen noemden zichzelf *ara,* ariërs.

In zijn lange geschiedenis is Iran bezet geweest door Grieken, Parthen, Turken, Arabieren, Turkmenen, Mongolen en tijdens de Tweede Wereldoorlog korte tijd door Russen en Engelsen. Na de revolutie van 1979 betogen sommige Iraniërs dat hun land bezet wordt door geestelijken, die een uitheemse (want Arabische) godsdienst opleggen. Feit is dat veel gewoonten en gebruiken gekoppeld zijn aan de islam, maar ook aan het zoroastrisme. Iran zoekt daarin steeds zijn eigen vorm en identiteit.

Opeenvolgende dynastieën

Achaemeniden-dynastie (ca. 530-330 eeuw v.Chr.)
Iran ontstond toen Cyrus de Grote in de zesde eeuw v.Chr. verschillende volkeren onder zijn leiderschap voegde. In de eeuwen daarna breidde het Perzische rijk zich snel uit, van het huidige India in het oosten tot aan Griekenland en Libië in het westen. Kenmerkend was de goede organisatie van het leger, bestuur, handel, geheime dienst, infrastructuur (post en wegenstelsel) en belastingen. Cyrus maakte van Susa, dichtbij Babylon, de hoofdstad.

Seleuciden, Parthen, Sassaniden (330 v.Chr.-650 n.Chr.)
In de vierde eeuw v.Chr. werden de Perzen verslagen. De Griekse Alexander de Grote versloeg koning Darius, bij Persepolis, niet ver van Shiraz. Na de dood van Alexander heersten achtereenvolgens de Griekse Seleuciden, de Parthen (170 v.Chr.-226 n.Chr.) en de Sassaniden (226-650 n.Chr.).

Omajjaden en Abbassiden (650-819)
De Arabische Omajjaden brachten de islam naar Iran. Aanvankelijk was dat de soennitische variant, die bekeerlingen maakte onder de Zoroasters.

De Arabieren veroverden grote delen van Iran en Afghanistan en de steden Samarkand en Buchara (nu Oezbekistan). De opstand van de Abbassiden (nakomelingen van Abbas, de oom van Mohammed) leidde drie jaar later tot de val van de Omajjaden. Zij maakten Bagdad tot hoofdstad. De bekendste *kalief* was Haroen al-Rashid. In de negende eeuw viel het rijk van de Abbassiden uiteen.

Samaniden en Buwayhiden (819-1058)
De Samaniden heersten over delen van het oude rijk Khorasan en Centraal-Azië. Zij maakten een deel van de Arabische invloed ongedaan, en heersten tot 999. Daarna werd het noorden en westen van Iran geregeerd door de Buwayhiden.

Seldjoeken-dynastie en het Mongoolse Rijk (1058-1501)
De dynastie der Seldjoeken had Qazvin als hoofdstad. De Seldjoeken waren afkomstig uit een Turks geslacht dat in het begin van de elfde eeuw de leiding kreeg over de in West-Toerkestan levende nomadische Ghoezen. De stamvader was Seldjoek, maar als grondlegger van hun macht geldt zijn kleinzoon Tughrul Bey, die in de eerste helft van de elfde eeuw Perzië onderwierp. In 1058 werd Tughrul kalief van Bagdad. In de 13de eeuw (tussen 1219 en 1224) veroverde de Mongoolse Djengiz Khan Iran. Zijn overheersing was bijzonder gewelddadig en bloedig. Rond 1335 viel het Mongoolse rijk uiteen.

Safawiden-dynastie (1501-1736)
De dynastie der Safawiden regeerde over het gebied dat nu Iran is. Zij waren het die de sjiitische islam tot staatsgodsdienst maakten. De naam van de dynastie is afgeleid van sjeik Safi al-Din, een Turkmeen. Hij was in 1301 de stichter van een soefi-orde in de stad Ardebil in Azerbeidzjan. Na zijn dood volgde zijn zoon, sjeik Sadr al-Din hem op. Een nazaat van deze sjeik was sjah Ismail (1487-1524), die eveneens afkomstig was uit Ardebil en in korte tijd heel Perzië wist te veroveren. Zijn macht berustte op de *Kizilbasj* (Turks voor Roodhoeden), die vooral uit leden van Turkse stammen bestond. Toen Ismail in 1501 sjah van Perzië werd, was hij slechts 17 jaar oud. Hij introduceerde het twaalver sjiisme als nationale godsdienst in Iran, een land dat tot dan toe voor-

namelijk soennitisch was. Daarvóór was het twaalver sjiisme een apolitieke sekte, maar nu werd het hardhandig doorgevoerd en werden soennieten bestreden. De Safawiden-dynastie maakte Isfahan tot hoofdstad.

Afschariden-dynastie en Zand-dynastie (1736-1779)
Het koningsschap van Nader Sjah stond in het teken van de oorlog met Afghanen. Hij was Turkstalig. Mashhad werd de hoofdstad. Vervolgens kwam voor een korte tijd de Turkstalige Zand-dynastie (1750-1779) aan de macht; zij maakte van Shiraz de hoofdstad.

Qajaren-dynastie (1796-1925)
De laatste Turkstalige dynastie die over Perzië heerste, was die van de Kadjaren of Qajaren (1796-1925). De dynastie werd gevestigd in 1794 door Agha Mohammad, een eunuch die de verschillende rivaliserende groepen versloeg die na de dood van Nadir Sjah het land beheersten. In 1796 veroverde hij Teheran en maakte het tot hoofdstad. Hij werd zelf een jaar later vermoord en opgevolgd door zijn neef Fath Ali.

Gedurende de Qajaren-dynastie kregen Engeland en Rusland relatief veel invloed in Perzië, maar het bleef wel onafhankelijk. Tijdens het bewind van Fath Ali werd Perzië gedwongen noordelijke gebieden aan de Russen af te staan. In 1804 brak de Eerste Russisch-Iraanse oorlog uit, waarbij onder andere Bakoe en Derbent door hen veroverd werden. In 1813 werd de vrede getekend.

Van 1826-1828 woedde de Tweede Russisch-Iraanse oorlog. De Iraniërs waren ontevreden over de voorwaarden van de eerste oorlog en verklaarden nu zelf de oorlog aan de Russen. De oorlog liep uit op een vernedering voor de Iraniërs. In de loop van de 19de eeuw veroverden de Russen grote delen van Centraal-Azië. Perzië was niet in staat de militaire macht van de Russen te stoppen en zocht een alliantie met het Verenigd Koninkrijk. De Britten kregen diverse commerciële concessies, zoals de aanleg van spoorwegen en het boren naar aardolie. Het fundament voor het latere bedrijf British Petroleum werd zo gelegd.

Tegen het eind van de 19de eeuw ondernamen de heersers diverse pogingen het land te moderniseren. In 1906 werd het parlement (*Majlis*) geïnstalleerd. Tijdens de Eerste Wereldoorlog wilde Perzië neutraal blijven, maar zowel de Russen als de Engelsen vielen het land binnen. Na de oorlog heerste er een chaos, wat voor kolonel Mirza Reza aanleiding was in 1921 een staatsgreep te plegen. Hoewel veel leden van de bevolking graag een republiek wilden zoals in Turkije, kozen de geestelijken voor een nieuwe sjah. De laatste Qajaren-sjah werd afgezet en Mirza Reza nam de pre-islamitische naam *Pahlavi* aan en stichtte de Pahlavi-dynastie, die tot 1979 zou regeren.

Pahlavi-dynastie (1925-1979)
De nieuwe sjah wilde van Perzië een moderne, geseculariseerde staat maken en voerde, in plaats van de *sharia* de burgerlijke wetgeving in. Hij verbood de sluier en de pelgrimstochten naar Mekka. Dat stuitte op verzet, dat krachtig werd onderdrukt. Hij gaf Perzië de naam Iran, land van Ayra (Ariërs). De hervormingen leidden niet tot verbetering van de levensstandaard. In de jaren dertig werd Duitsland een belangrijke handelspartner. De geallieerden vielen in 1941 het land binnen en verdeelden hun invloedssfeer over het noorden (Russen) en het zuiden (Engelsen). De sjah werd verbannen en stierf in 1944 in Zuid-Afrika. Zijn oudste zoon Mohammad Reza Pahlavi volgde hem op. De Engelsen verlieten Iran in 1946. Twee noordelijke provincies probeerden zich met hulp van de Russen af te scheiden, maar dat mislukte.

Democratische ontwikkelingen gesmoord

In 1951 werd de democraat Mossadeq gekozen tot minister-president. Hij wilde onder meer de macht van de sjah inperken en de olie nationaliseren. Mossadeq zocht vergeefs steun bij de VS. In Washington vreesde men communistische invloeden in Iran, dat daarvoor extra gevoelig zou zijn vanwege de lange grens met de Sovjet-Unie (die in het noorden probeerde zijn invloed uit te breiden).

In 1953 vluchtte de sjah naar Rome, omdat zijn politieke positie omstreden was. De CIA en de Britten organiseerden een staatsgreep en de

De restanten van een enorm standbeeld van de laatste sjah bij een van diens paleizen in Teheran, omver getrokken na de islamitische revolutie.

Shiraz is beroemd om haar dichters en tuinen. De tombe van Shah-e-Cheragh met de duizenden spiegeltjes is letterlijk oogverblindend.

sjah keerde terug. Mossadeq werd gevangen gezet en ter dood veroordeeld. Uiteindelijk werd hij drie jaar later vrijgelaten en leefde tot zijn dood in 1967 onder huisarrest op zijn landgoed. Terwijl het Britse wereldrijk uiteen begon te vallen, breidden de Amerikanen hun invloed in Iran uit.

De Witte Revolutie

Met behulp van de Israëlische Mossad en de CIA werd de geheime dienst de Savak opgericht, die al snel zeer gevreesd was. Omdat een sociaal programma ontbrak, werd de binnenlandse onrust groter. De Amerikanen drongen er bij de sjah op aan daar iets aan te doen, omdat ze vreesden voor een revolutie. Mohammad Reza sjah noemde het moderniseringsprogramma dat daarop werd geïntroduceerd 'Witte Revolutie'. Op het programma stonden onder meer landhervormingen (onteigening van grootgrondbezitters), een alfabetiseringscampagne, betere gezondheidszorg en veranderingen in het kiesrecht. Voor een deel had het programma succes: de welvaart nam toe. De democratisering bleef echter achter. De communistische Tudeh-partij werd eind jaren vijftig verboden en Iran kreeg een tweepartijenstelsel. De geestelijkheid was tegen de emancipatie en tegen kiesrecht voor vrouwen maar niet tegen algemeen kiesrecht voor mannen. Als grootste grondbezitter keerde ze zich ook tegen de landhervormingen.

Onder het mom van modernisering liet de sjah religieuze scholen sluiten en onderdrukte hij de geestelijke leiders. Het leven in de stad en op het platteland kende grote tegenstellingen. Er ontstond een middenklasse in de grote steden die er een westerse levensstijl op nahield. De grote onderklasse in de steden en op het platteland bleef verstoken van voldoende voedsel en schoon water. De landhervormingen werden niet gerealiseerd. Olie-inkomsten werden besteed aan modernisering van het leger en niet of nauwelijks aan de ontwikkeling van het platteland. Politieke partijen waren verboden en religieus houvast was er weinig, aangezien de sjah secularisering van de staat voorstond. De sjah kon zich nog een tijd staande houden dankzij de stijgende inkomsten uit olie. In 1971, bij de onderhandelingen van de OPEC (organisatie van olieproducerende landen) wist deze een forse prijsverhoging te realiseren.

Bam vóór de aardbeving van 2003. De meeste gebouwen en ruïnes in de wereldberoemde citadel dateerden uit de 16de en 17de eeuw. De oude stad werd bewoond tot 1810. Er wordt nu gewerkt aan restauratie van de bijna volledig verwoestte citadel. Foto: Annelies van Brink

In dat jaar gaf de sjah een feest, ter meerdere eer en glorie van de Perzische koningen en de 2.500 jaar Perzische dynastieën (waarvan hij deel uitmaakte). Bij Persepolis werden duizenden gasten uit de hele wereld ontvangen. Het feest kostte honderden miljoenen dollars. Ook in het Westen ontstond nu kritiek op deze manier van verdeling van de olierijkdom. Toch waren de westerse leiders de sjah over het algemeen gunstig gezind; zij prezen hem om de voortvarende manier waarop hij zijn land de 20ste eeuw binnenloodste.

De sjah besloot van het tweepartijenstelsel een eenpartijstelsel te maken, waarbij zijn Partij voor de Iraanse Herrijzenis als enige overbleef. Premier Hoveida steunde hem daarin. De Savak ondersteunde hun politiek van binnenlandse terreur. Duizenden medewerkers van de Savak noteerden iedere negatieve opmerking over de sjah en zijn bewind, ook al werden die binnenshuis gemaakt. Niemand weet precies hoeveel mensen zijn omgekomen door martelingen of repressie in die tijd; Amnesty International houdt het op zo'n 300 executies tussen 1972 en 1976.

Protest en revolutie

Een van de eerste proteststemmen tegen de sjah kwam uit Qom en was ondemocratisch: ayatollah Khomeini maakte in 1962 bezwaar tegen het kiesrecht voor vrouwen en onislamitische verkiezingskandidaten. In 1963 werden demonstraties georganiseerd door de geestelijken, en uiteengeslagen door de sjah. Deze noemde in een toespraak in Qom de geestelijkheid dom en achtergebleven. Er ontstond meer protest en Khomeini werd gevangen gezet. Toen hij in 1964 vrijkwam ageerde hij meteen tegen de wettelijke immuniteit van Amerikanen in Iran. Khomeini beschuldigde de sjah van uitverkoop van zijn land. Overal in de wereld bevrijden landen zich van hun koloniale verleden, betoogde Khomeini, en ons eigen parlement neemt een wet aan die ons te schande maakt. Na zijn arrestatie werd Khomeini verbannen en vertrok naar Najaf in Irak, waar hij tot 1975 woonde. Na zijn gedwongen vertrek naar Parijs formeerde hij de Revolutionaire Raad, met daarin orthodoxe en liberale sjiieten.

In 1976 probeerde de sjah met enkele politieke hervormingen tegemoet te komen aan de protesten. De Savak mocht bijvoorbeeld niet meer martelen, er kwam iets meer persvrijheid en een paar politieke partijen konden zich voorzichtig organiseren. Een jaar later schreef een aantal intellectuelen een brief met het verzoek om meer democratie en vrijheden. De sjah wees dit verzoek af.

De zwakte van de sjah
'De sjah had een systeem geschapen dat alleen geschikt was om zich te verdedigen en ongeschikt om de mensen tevreden te stellen. Dat was de grootste zwakte ervan en de werkelijke oorzaak van de uiteindelijke neergang. De psychologische basis voor een dergelijk systeem is de minachting die de heerser koestert jegens zijn eigen volk, en verder dat hij zijn eigen domme volk verder bedriegen kan door het steeds weer wat te beloven. Maar een Iraans spreekwoord zegt: beloften hebben alleen waarde voor degenen die er in wensen te geloven.'
Ryszard Kapuscinski *in De Sjah aller Sjahs.*

In een krantenartikel van januari 1978 werd Khomeini persoonlijk aangevallen. Dit was het begin van een reeks demonstraties en protestacties. Mensen vanuit allerlei maatschappelijke groeperingen kwamen samen: linkse organisaties en partijen, intellectuelen, nationalisten, liberalen, maar ook studenten en scholieren. De demonstraties werden steeds massaler; er werd met scherp op de demonstranten geschoten. In de Iraanse rouwceremonie past van oudsher een herdenking van de dode na veertig dagen. De herdenking van de slachtoffers van de demonstraties liep weer uit op een demonstratie, waarbij weer doden vielen, die weer herdacht werden na 40 dagen. Zo ontstond een demonstratiecyclus waarbij vrijwel de hele Iraanse bevolking betrokken raakte.

Islamitische Republiek Iran

In januari 1979 vluchtte de sjah naar Egypte. Op 1 februari 1979 werd geestelijk leider Khomeini in Teheran onthaald door drie miljoen mensen. Het merendeel van de Iraniërs had de revolutie gesteund en zij waren dolblij met de komst van een van de belangrijkste tegenstanders van de sjah. Maar al snel trokken de geestelijken de macht naar zich toe. Linkse partijen en meer gematigde islamieten die aan de revolutie hadden meegewerkt, probeerden mee te regeren maar kregen daar geen kans toe. Socialisten en communisten werden vervolgd en vermoord, de universiteiten, haard van veel oppositiebewegingen, werden gesloten.

Leuzen met spelfouten

Homayoen was 15 jaar en woonde in een stad in het zuiden van Iran toen de revolutie begon. Hij nam zijn zusje van 14 mee naar demonstraties, hun oma woonde in het centrum. Vanuit haar huis zagen ze politie en militairen voorbij komen toen de avondklok was ingesteld. 'Wat zijn er toch veel agenten en soldaten op straat tegenwoordig,' zei oma. Homayoen vertelt: 'Ze had nog niet in de gaten dat er een revolutie aan de gang was. Wij kwamen soms bij haar met gescheurde kleren. Of dan waren we onze schoenen kwijtgeraakt bij een demonstratie en zij belde moeder op om te zeggen dat ze moest uitzoeken wie ons gepest had en dat ze die grote kinderen eens aan de oren moest trekken.' Homayoen schreef leuzen op de muur, samen met zijn zusje, samen met vrienden. 'Soms waren we zo zenuwachtig dat we spelfouten maakten.'

De rechten van iedereen, maar vooral van vrouwen, werden beperkt. Een maand na zijn terugkeer in Iran ontsloeg Khomeini alle vrouwelijke rechters en stelde het dragen van de sluier verplicht. In mei 1979 werd gemengd onderwijs verboden, in juni mochten getrouwde meisjes niet meer naar school en begon de overheid crèches op het werk te sluiten. In juli werd de seksescheiding in badplaatsen doorgevoerd; de eerste vrouwen kregen zweepslagen vanwege onzedelijke kleding en gedrag. In oktober werden wetten aangepast zodat mannen recht hadden op meerdere huwelijken en scheiding zonder instemming van hun vrouw. Echtgenotes mochten niet meer buitenshuis werken als hun man daar geen toestemming voor gaf. Vaders kregen automatisch voogdijschap over hun kinderen na een scheiding. Meisjes mochten voortaan op hun 13de al worden uitgehuwelijkt. Alle verboden en wetten werden islamitisch genoemd.

Onder de nieuwe leiders kwam de terreur terug; door ingrijpen van de geheime politie, door straatpatrouilles van de zedelijkheidspolitie, door verbod op alle organisaties die niet de staatsideeën onderschreven, door moorden, executies, afrekeningen, ophangingen, stenigingen. De linkse partijen die hadden meegedaan met de revolutie werden begin jaren tachtig uitgeschakeld, veel linksen of niet-religieuze revolutionairen werden gedood of gevangen gezet, anderen vluchtten.

Oorlog met Irak

President Saddam Hoessein van Irak probeerde gebruik te maken van de instabiele situatie in Iran. Hij viel in 1980 het land binnen met als doel de olievelden in het zuiden te annexeren en een mogelijke opstand onder de sjiitische Irakezen te voorkomen. Burgers en militairen vochten tegen het Iraakse leger. De oorlog kostte vele levens en zou duren tot 1988. Door de oorlog verscherpte de interne machtsstrijd; de haat tegen het Westen groeide. Veel Iraniërs zeggen dat de oorlog is aangezet door de Amerikanen om de Iraanse revolutie te ondermijnen. Saddam Hoessein zou slechts een marionet in handen van de Amerikanen zijn geweest, die hem gebruikten voor hun machtspolitiek in het Midden-Oosten. Irak vocht met Amerikaanse wapens. Iraanse studenten gijzelden Amerikaanse ambassadepersoneel en de twee werelden groeiden steeds verder uit elkaar. Toch bleek later dat de Verenigde Staten in het geheim wapens leverden aan Iran, in ruil voor bemiddeling bij vrijlating van Amerikaanse gijzelaars in Libanon. De kwestie staat bekend als Iran-gate.

Laveren tussen praktijk en idealen

Sinds de revolutie heeft Iran grote veranderingen ondergaan. Het land werd plotseling van een geseculariseerde staat een theocratische democratie. Eén ding veranderde nauwelijks na 1979: de gevreesde geheime dienst van de sjah, de Savak, werd weliswaar vervangen door de *Sepah Pasdaran (*Revolutionaire Garde) en *Wezarate Etelaeaat (*het Ministerie van Informatie*)*, maar die zijn evenzeer gevreesd.

De mate waarin mensenrechten worden geschonden en het gebrek aan persvrijheid variëren wel sinds het begin van de revolutie. In de eerste tien jaar en tijdens de oorlog met Irak overheerste de harde opstelling. Na de dood van Khomeini (1989) voer president Rafsanjani een gematigder koers, met meer economische en politieke vrijheden. Deze lijn werd vanaf 1997 voortgezet door president Khatami. Hij sprak zelfs al van een Iraanse Lente (*Bahare Azadi*, letterlijk Lente van de Vrijheid). In 2005 won Mahmoud Ahmadinejad de presidentsverkiezingen. Met hem kwam de harde lijn in de buitenlandse en binnenlandse politiek weer terug.

Sinds de jaren negentig is er voortdurend discussie over de vraag welke kant het op moet met Iran. In hoeverre moeten de geestelijken zich met de politiek blijven bemoeien? Vervuil je de islam niet door zoveel met dagelijkse zaken bezig te zijn? Deze discussie gaat uiteraard niet alleen over de zuiverheid van de islam, daaronder gaat een verbeten strijd om de macht schuil. Er is een voortdurend steekspel tussen conservatieven en hervormingsgezinden. Misschien is schaakspel een betere term. Van oorsprong komt het schaken uit deze regio, het woord 'schaak' is afgeleid van *sjah*, Perzisch voor koning, en schaakmat (*sjah mata*) betekent: de koning zit in een hinderlaag. De sjah mag dan vertrokken zijn, de regels van het spel zijn daarmee niet veranderd: vooruitdenken, strategisch handelen en je tegenstander te slim af zijn, daar gaat het om. In het binnenland gaat de strijd tussen conservatieven en hervormingsgezinden; in de buitenlandse politiek speelt de VS vooralsnog de hoofdrol. Van invloed zijn verder Europa, Rusland en in toenemende mate China.

De islamitische republiek laveert steeds tussen onafhankelijkheid van het Westen en de noodzaak om contact te onderhouden met de door het Westen gedomineerde wereldeconomie. Conservatieven streven daarbij naar onafhankelijkheid: wij hebben niemand nodig, het Westen is slecht en moet vernietigd worden. De hervormingsgezinden zien meer in samenwerking: wij maken deel uit van deze wereld, laten we contact onderhouden met anderen.

Revolutie en oorlog

De recente politieke geschiedenis van Iran begon met de revolutie (1978-1979) en alles wat daarmee samenhangt, de utopie en de excessen. Verschillende groepen kwamen in actie. Een deel van de geestelijkheid al vanaf de jaren zestig onder leiding van ayatollah Khomeini. Bij hen voegden zich jongeren uit de volksklasse, die door middel van de islam de sociale rechtvaardigheid wilden bevorderen. Ook deden vanaf begin jaren zeventig verschillende groepen uit de stedelijke middenklasse mee, die de politieke en economische autonomie terugwilden die hen door het regime van de sjah werd ontnomen ten gunste van het keizerlijke hof, en de aan hen gelieerde kringen van hoge legerofficieren en kapitaalkrachtige ondernemers. Ook studenten en de boeren die hun land kwijt waren geraakt en in de sloppenwijken van de grote steden terechtkwamen, namen volop deel aan de strijd.

Een paar maanden na de revolutie verbeeldde de dichter Ahmad Shamlu de politieke situatie in Iran in het gedicht hiernaast.

Iran was het eerste land waar door een revolutie islamitische heersers aan de macht kwamen. Niet eerder veranderde een geseculariseerde staat in een theocratie. Iran is een voorbeeld en wil dat ook zijn. Na de revolutie werden bijvoorbeeld de hezbollah-bewegingen in Libanon en Syrië gesteund in een poging een eigen politiek te ontwikkelen in het Midden-Oosten. Groeperingen in het Midden-Oosten die anti-Amerikaans en antiwesters waren konden rekenen op steun van Iran, zowel in de vorm van olie als politiek-strategisch.

In deze blinde steeg

Ze ruiken aan je mond
of je soms gezegd hebt dat je van me houdt
ze ruiken aan je hart

Vreemde tijden zijn het, liefste

Bij de wegblokkade
wordt de liefde
gegeseld

We moeten de liefde in de kelder verbergen

In de bochten van deze kille blinde steeg
voeden ze hun vuren
met liederen en poëzie

Voorzichtig, denken is gevaarlijk

Vreemde tijden zijn het, liefste
Wie 's nachts op de deur klopt
komt om de lamp te doven
We moeten het licht in de kelder verbergen

Kijk, met hun bloederige hakblokken en bijlen
hebben de slagers
de wegen bezet.
Vreemde tijden zijn het, liefste

Ze snijden de glimlach van de lippen
ze snijden het lied uit de monden.
We moeten het verlangen in de kelder verbergen

kanarie
op leliejasmijnvuur geroosterd
Vreemde tijden zijn het liefste

Zeevierend
zit de duivel bij ons rouwmaal aan.

We moeten God in de kelder verbergen.

Vertaling: Sharog Heshmat Manesh.

Iran kende waarschijnlijk de eerste revolte in de moderne geschiedenis die werd gedragen door islamitische groeperingen. Wereldwijd zijn er tal van niet-westerse bewegingen die teruggrijpen op het gedachtegoed en het normenstelsel van hun voorouders. Volgens de socioloog Manuel Castells is moslimfundamentalisme het gevolg van globalisering en mislukte modernisering. Nationale regeringen *'bouwden slecht functionerende en corrupte systemen. ... Ze konden niet zorgen voor ontwikkeling en materiële welvaart voor hun volk. Ze hadden de traditionele samenleving vernietigd en de waarden waarmee de mensen eeuwenlang hadden kunnen overleven.'*

De terugkeer naar die traditionele waarden ziet Castells als een reactie op westers modernisme, een verdediging tegen de consequenties van de moderne globalisering. Castells zegt over de invloed van de globalisering op de wereldeconomie en wereldpolitiek: *'We [westerse landen] denken dat we niets verstoren, maar dat doen we wel. De lokale economie functioneert niet meer, de waarden verwateren, de traditionele familie valt uiteen, mensen trekken weg. Het (...) is een uiteengevallen wereld. Als je geen invloed hebt op de wereld, maar die wereld wel op jou, dan is het bouwen van een gesloten systeem een logische reactie.'*

En dat is precies wat in Iran is gebeurd. Het stichten van een islamitische staat kan worden opgevat als een poging zich te verdedigen tegen de westerse hegemonie. In Iran werden de traditionele systemen door de Pahlavi-dynastie verzwakt; er was bovendien weinig ruimte voor ontwikkeling naast de olie-industrie en het militaire apparaat. De samenleving werd gebouwd op olie-inkomsten. Dankzij die inkomsten hoefde de sjah geen belasting te heffen en was ook geen verantwoording verschuldigd aan belastingbetalers. De sjah zei westerse waarden na te streven, maar feitelijk gebeurde dat maar heel minimaal. De sluier verdween wel, maar er was geen democratie. Het gevecht tegen de onderdrukking door de sjah werd om die reden ook een gevecht tegen het Westen, dat deze sjah op de troon had gehouden.

De eisen van alle verschillende groepen die de revolutie hadden gedragen, kwamen na de verdrijving van de sjah al snel met elkaar in botsing.

De jaren tachtig werden gekenmerkt, onder meer door de oorlog tegen Irak, door een strijdlustige politieke lijn, zowel tegen het Westen als tegen andere Arabische staten. In deze tijd zien we de politieke *hardliners* snel terrein winnen op de democraten.

Generaties Iraniërs naar het Westen

Sinds de revolutie zijn er verschillende generaties uit Iran naar het Westen gekomen. Kort na de revolutie vluchtten de monarchisten en leden van de Savak, zakenlieden en mensen uit de 'hofhouding' van de sjah. Vanaf 1980 volgde de linkse oppositie en alle andere (vermeende) tegenstanders van de islamitische republiek. Zij werden vervolgd. Daarna vluchten ook jonge mannen die geen martelaren willen worden in de oorlog tegen Irak. In de jaren negentig zijn het vaak jonge gezinnen die geen perspectief zien in de Iraanse maatschappij die proberen een plaats te vinden in Europa, Australië of de VS. De laatste groep die aan het eind van de vorige eeuw kwam, bestaat vooral uit gescheiden vrouwen met kinderen. Ook vakmensen en studenten vragen een visum aan. Tandartsen of vroedvrouwen die hier aan het werk kunnen. De studenten zijn of kinderen van rijke ouders die hun opleiding bekostigen of jongeren die met een studiebeurs van de Iraanse staat bijvoorbeeld Techniek studeren of Rechten.

De derde weg

Volgens Khomeini was de Iraanse weg noch westers noch oosters. Iraniërs staan bekend om hun eigenzinnigheid. Wereldwijd, maar ook binnen de islamitische wereld benadrukt Iran graag zijn eigenheid. Het staatsbestel van de republiek is uniek in de wereld. Het is een mengvorm van theocratie en democratie. Die twee begrippen lijken met elkaar in tegenspraak. Immers, als er een almachtige God is aan wie je heerschappij over de wereld en het leven toekent, waarom zouden de mensen dan nog weer zelf een regering moeten kiezen? Dat zou je dan toch gevoegelijk kunnen overlaten aan de mensen die Gods wil kunnen interpreteren: de theologen?

Dat gebeurde ook, gedeeltelijk. Iran werd een natie onder leiding van geestelijken; dit principe wordt de *velayat-e faqih* genoemd. In de sjia-islam kan de ayatollah (letterlijk 'zoon van God') als wereldlijk leider optreden. Tot Khomeini's terugkeer was de macht van ayatollahs beperkt tot de gelovigen. Na de revolutie heeft Khomeini gesteld dat hij de vertegenwoordiging op aarde kon overnemen van de Twaalfde Imam; de laatste der profeten in de sjia-islam, die verdwenen is en op wiens komst gewacht wordt. Na zijn komst zal een rechtvaardige maatschappij ontstaan. Khomeini betoogde dat deze tijd nu al was aangebroken, alleen nog niet voor de hele wereld.

Iran heeft na de revolutie een ingewikkelde combinatie gecreëerd tussen democratie en theocratie. De vier belangrijkste politieke actoren zijn de Geestelijk Leider (*Rahbar*), de president, de Raad van Hoeders (*Shoraye Negahban*) en het parlement (*Majlis*, 290 zetels). De Raad van Hoeders (*Shoraye Negahban*) is het hoogste orgaan in de islamitische republiek. Deze werd in 1979 ingesteld. De helft van de twaalf leden tellende raad bestaat uit geestelijken die door de Geestelijk Leider worden benoemd. De andere zes zijn seculiere magistraten, afkomstig uit de rechterlijke macht. De benoeming van de zes magistraten in de Raad van Hoeders geschiedt door het hoofd van de rechtelijke macht, na instemming van het parlement. De Raad is zelf geen wetgevende instantie, maar heeft wel vetorecht over wetsvoorstellen in het parlement.

Jongeren mogen stemmen vanaf 15 jaar. Elke vier jaar zijn er presidentverkiezingen en parlementsverkiezingen. De verkiezingen zijn niet vrij. De kandidaten worden voorgeselecteerd door de Geestelijk Leider en de Raad van Hoeders. Ook de regels voor de verkiezingscampagne worden door deze Raad vastgesteld.

Economisch herstel en dialoog

Toen Khomeini in 1989 overleed, brak een nieuw tijdperk aan in de Iraanse politieke verhoudingen. President Rafsanjani was een pragmatische conservatief, die inzag dat Iran als radicale, autarkische staat niet zo verder kon en banden met andere landen moest onderhouden. De overheid probeerde de opgelopen schade van revolutie en oorlog in het land te herstellen. Er kwam een verschuiving van extreem politieke ideologieën naar een meer zakelijke opstelling. Onder Rafsanjani werden vrijhandelszones opgesteld, culturele uitwisselingsprogramma's gestart en de 'kritische dialoog'-politiek met West-Europa gestart. Er werd gewerkt aan economisch herstel van het land.

Ondertussen verbonden de traditionele religieuze krachten zich met de bazari's en Sepah Pasdaran. De religieuze groeperingen zetten verschillende liefdadigheidsinstanties op: stichting *Bonyad-e Mostazafin* (Vereniging voor Minderbedeelden), *Bonyad-e Sjahid* (Vereniging van de Martelaren), en de *Bonyad-e Panzdah Khordad* (Vereniging van de 15e Khordad-beweging). Deze nieuwe groeperingen konden zich ontwikkelen dankzij de nieuwe politiek onder president Rafsanjani. Deze liefdadigheidsinstellingen hebben een grote economische machtspositie. Ze bezitten veel vastgoed, land, fabrieken, transportvergunningen en kranten.

Hervormingen

In 1997 maakt president Rafsanjani plaats voor de hervormingsgezinde president Khatami. Khatami wilde een wettelijke basis voor de islam en zocht naar een niet-militante vorm van religie. De hervormingsbeweging stelt de nauwe verbintenis tussen theologen en politici ter discussie. Sommige radicalen in deze beweging willen het liefst een scheiding van kerk en staat, maar het grootste deel van de hervormingsgezinden hebben een mildere verandering voor ogen. Deze beweging telt veel Iraanse intellectuelen; de meest invloedrijke is de filosoof Abdolkarim Soroush.

De hervormingsgezinden probeerden een discussie te starten over secularisering binnen een religieus kader. Soroush vroeg zich openlijk af of de geestelijken zich met de politiek moesten blijven bemoeien. De pogingen om geestelijkheid en politiek uit elkaar te weken zijn tot dusver mislukt; hervormingsgezinde journalisten en politici zijn gevangen gezet of gevlucht. Toch ontstond dankzij deze beweging ruimte voor de vrouwenbeweging en een gunstig klimaat voor de kunst en cultuur. Er kwamen islamitische intellectuele vrouwen met eigen interpretaties van de Koran. Dat betekende een grote verschuiving van de positie van de vrouw binnen een religieuze en patriarchale samenleving.

Politieke veranderingen zijn op straat vaak af te lezen aan de vrouwen. Tijdens Khatami zag je op straat de jassen van de vrouwen korter worden, de hoofddoeken naar het achterhoofd zakken en de lippenstift feller van kleur worden. De zedenpolitie trad minder hard op tegen dergelijke vergrijpen.

In deze tijd ontstond ook meer ruimte voor vrouwengroepen, studentenbewegingen en intellectuelen die mee wilden discussiëren over de inrichting van de islamitische staat. Het onderwijs in Iran is beter geworden en toegankelijk voor veel meer mensen. Daarmee is een bevolkingsgroep gecreëerd die in staat is mee te denken en te praten over het bestuur van het land.

Terug naar af?

Bij de gemeenteraadsverkiezingen in 2003 raakten de hervormingsgezinden hun meerderheid kwijt, een scenario dat zich herhaalde bij de parlementaire verkiezingen in 2004. De Raad van de Hoeders schrapte de meeste hervormingsgezinde kandidaten van de lijst. De teleurstelling over de ongeloste beloften van de hervormingsgezinden zorgde voor een overwinning van de conservatieven. Een groot deel van de teleurgestelde kiezers weigerde hun stem uit te brengen (in Teheran ging een miljoen minder mensen stemmen dan bij de vorige verkiezingen). De verkiezingen in maart 2008 leverden opnieuw een overwinning voor de conservatieven op; veel kandidaten die een liberaler beleid voorstonden werden niet toegelaten. De opkomst was met rond de 50 procent laag.

Ahmadinejad houdt sinds zijn verkiezing in 2005 vast aan een conservatieve koers. Populistisch in de binnenlandse politiek, vijandig tegenover VS en vriendelijk voor de Russen en Chinezen. De avond van zijn installatie kondigde hij aan dat er weer een islamitische economische politiek gevoerd zou gaan worden. Maatregelen daarbij waren onder meer de afschaffing van rente en een verdubbeling van het minimuminkomen van laagbetaalden. Dat laatste leverde al meteen problemen op: veel organisaties en bedrijven konden geen loonsverhogingen betalen. De vakbonden kwamen in actie en kondigden stakingen aan bij de ziekenhuizen, de auto- en staalindustrie om massaal ontslag te voorkomen.

Mensenrechten

In de Iraanse grondwet zijn alle fundamentele mensenrechten opgenomen: ook vrijheid van religie, van meningsuiting, van pers, van vereniging en vergadering. Maar bij al deze rechten staat dat ze niet in strijd mogen zijn met de islam, oftewel de interpretatie daarvan in de islamitische republiek. In de praktijk betekent dit dat er voortdurend kranten worden verboden en mensen opgepakt die hun mening vrijuit verkondigen. Journalisten en hoofdredacteurs worden gevangen gezet. In gevangenissen wordt gefolterd, er zijn mensen 'verdwenen' en 'verongelukt'.

Internationale organisaties als de VN spreken hun zorg uit over de gevangenschap van mensen zonder proces, of over de rechten van Afghaanse migranten. De VN namen in 2006 een resolutie aan die de mensenrechtensituatie in Iran veroordeelde. In de resolutie werd melding gemaakt van intimidatie van mensenrechtenactivisten, beperking van de mogelijkheden tot vereniging en vergadering, foltering en mishandeling, stenigingen, executie van minderjarigen, geweld en discriminatie tegen vrouwen en meisjes en etnische en religieuze minderheden.

De mensenrechtenorganisatie Defenders of Human Rights Centre, opgericht door onder meer Nobelprijswinnares Shirin Ebadi, werd in de zomer van 2006 verboden door het ministerie van Binnenlandse Zaken. De DHRC ondersteunde politieke gevangenen en hun families, onder meer met gratis rechtsbijstand. Advocaten die een zaak van een politieke gevangene op zich nemen, lopen het risico hun werkvergunning kwijt te raken. Shirin Ebadi is nog steeds actief. De naam van de organisatie waarin zij mensen ondersteunt, verandert regelmatig. Op het moment dat de ene organisatie wordt verboden, start zij een nieuwe onder een andere naam.

Maatschappelijke organisaties moesten zich vanaf begin 2006 opnieuw registreren, waarbij ze al hun activiteiten en externe fondsen uitgebreid moesten beschrijven en verantwoorden. Wie financiering uit het buitenland ontvangt of samenwerkt met een internationale organisatie kan van spionage beticht worden. Over internationale samenwerkingsverbanden moet regelmatig gerapporteerd worden.

Met de komst van Ahmadinejad zijn de lijfstraffen in openbare ruimtes sterk toegenomen. In de verschillende steden vinden executies plaats op plaatsen waar veel mensen komen. Dit moet dienen als afschrikwekkend voorbeeld.

Persvrijheid

Volgens de organisatie Reporters without Borders hoort Iran wereldwijd bij de landen met de minste persvrijheid. De vrijheid van meningsuiting en persvrijheid zijn officieel wel geregeld in de grondwet. Probleem is dat in de Perswet en het Wetboek van Strafwet weer andere regels staan. Publicaties mogen niet strijdig zijn met de islam, maar wat dat inhoudt weet geen enkele journalist van tevoren. Soms worden kritische publicaties toegestaan; een andere keer wordt de schrijver of hoofdredacteur gearresteerd. Soms wordt op grond van één artikel de hele krant of het tijdschrift verboden. Redacteuren en uitgevers passen zelfcensuur toe, maar krijgen ook regelmatig instructies van de regering.

Sinds 2000 zijn zo'n honderd kranten en tijdschriften gesloten. Vanaf het aantreden van Ahmadinejad is het met vrijheid van meningsuiting nog slechter gesteld, vooral voor mensenrechtenorganisaties, vrouwenorganisaties, studenten en internetbloggers. Van die laatste zijn er in Iran naar schatting 70.000. Gebruik van internet is niet verboden, maar veel websites worden geblokkeerd of uit de lucht gehaald. De proxyservers die gebruikt worden om de blokkades te omzeilen, worden ook weer geblokkeerd.

Regelmatig worden mensenrechtenactivisten en journalisten aangehouden, en soms op borgtocht weer vrijgelaten. Vaak duurt het lang voor er een rechtszaak komt, en blijven zij in onzekerheid over hun toekomst. Journalisten in overtreding worden vaak berecht door de revolutionaire rechtbanken, die streng straffen. Journalisten die naar het buitenland afreizen of deelnemen aan trainingen in of buiten Iran lopen kans beschuldigd te worden van spionage. De Association of Iranian Journalists houdt zich bezig met de rechten van journalisten die gevangen zitten, en hun families.

Vakbonden

Vakbonden worden gecontroleerd door de regering. Zij houden zich niet direct bezig met politiek maar vooral met arbeidsrechten van medewerkers en hun sociale voorzieningen. Maar dreigen met stakingen kan leiden tot arrestaties van vakbondsleiders. Schrijvers, intellectuelen en kunstenaars zijn niet officieel verenigd. De vereniging van schrijvers (*Kanune Nevisandegan*) durft zich niet te registreren bij de notaris. Zodra ze ingeschreven staan, moeten ze hun leden bekend maken aan de staat en die op de hoogte houden van alle activiteiten.

De Revolutionaire Garde

President Ahmadinejad en zijn regering zijn vrij onervaren in de politieke arena, zowel nationaal als internationaal en. Hun ervaring ligt vooral in hun militaire carrière bij de Revolutionaire Garde, de *Sepah Pasdaran*. De regering-Ahmadinejad lanceerde een wetsvoorstel om van sollicitanten naast hun diploma's een verklaring te eisen dat zij een tijd bij de *Basiji* vrijwillig actief zijn geweest. De Basiji vallen onder verantwoordelijkheid van de Revolutionaire Garde en zijn grotendeels uit vrijwilligers bestaande burgermilities, die een deel van de ordehandhaving voor hun rekening nemen. De taak van de Basiji – het ondersteunen van politie en justitie – werd in 1992 vastgelegd in de wet. De diverse Basiji-groepen opereren vanuit plaatselijke moskeeën. De Basiji zijn meestal afkomstig uit arme gezinnen; voor hun vrijwilligerswerk worden ze door de Vereniging voor Minderbedeelden (Bonyad-e Mostazafin) vergoed met huursubsidies, belastingvrije inkoop van artikelen en een gemakkelijkere ingang voor familieleden tot overheidsfuncties en universiteiten. Voor de staatsdemonstraties tegen ambassades of buitenlandse instellingen worden Basiji ingezet.

Een groot deel van de achterban van president Ahmadinejad komt uit de Revolutioniare Garde. Hij is zelf een van de ideologen van deze organisatie. Ahmadinejad heeft belangrijke functies in de uitvoerende en rechtelijke macht toebedeeld aan personen afkomstig uit de Garde, die tijdens de 1980-1988 oorlog met Irak in deze eenheid dienst deden. Zo verving hij in februari 2006 de meeste gouverneurs van de provincies door bekenden.

President en corruptie

Ahmadinejad heeft beloofd de corruptie hard aan te pakken. Hij gaf verschillende ministers opdracht te onderzoeken hoe bepaalde personen, en in het bijzonder de geestelijke leiders, zo rijk zijn geworden. Zowel

Rafsanjani als zijn politieke medestanders, zoals ayatollah Asadabadi, vergaarden in de loop van de jaren gigantische vermogens. Hun bedrijven zijn actief in onder meer de mobiele telefonie, vliegtuigmaatschappijen, handel in pistachenoten, onroerend goed en de filmindustrie.

Maar Ahmadinejad vaart daarmee een politiek gevaarlijke koers. De oude garde (zowel conservatief als hervormingsgezind) voelt zich bedreigd in de privileges die ze na de revolutie opgebouwd hebben. Voormalig president Rafsanjani heeft zich samen met vele andere lokale geestelijke bestuurders gekeerd tegen het beleid van Ahmadinejad. Rafsanjani is een van de politieke theocraten van het land, die vanaf het begin van de islamitische republiek bij de top van het politieke bestuur heeft gezeten.

Als het politieke debat over corruptie te verhit raakt, ziet men een directe aanval van Ahmadinejad in de media tegen zijn rivaal Rafsanjani en zijn aanhang. Rafsanjani op zijn beurt probeert het zwakke economische beleid van de regering te bekritiseren. Het anti-corruptiebeleid wordt het liefst buiten de arena van de landelijke politiek gehouden. De regering heeft ervoor gekozen dit beleid vooral in de provincie uit te voeren; de conservatieve gouverneurs hebben opdracht dit beleid in hun regio vorm te geven. In de regio's is er hier en daar verzet. Journalist Parviz Kamali (van de krant *Hamshahri*) zegt dat het opgelaaide geweld in de provincie Khuzestan verband houdt met het radicale anti-corruptiebeleid van Ahmadinejad. Ayatollah Djazaheri, een zeer invloedrijk politiek leider, is een van de meest corrupte geestelijken van het zuidwesten van Iran. Zijn ondernemingen werden eind 2005 diverse keren door justitie en belastinginspecteurs onder de loep genomen vanwege vermoedens van belastingontduiking en valsheid in geschriften. Ahmadinejad moet op zijn hoede zijn voor deze corrupte en machtige ayatollahs. De conservatieve ayatollahs keuren zijn antiwesterse beleid goed, maar zien Ahmadinejad als een bedreiging voor hun kapitaal.

Een auto op afbetaling

De Iraanse overheid heeft vanaf begin deze eeuw de bevolking gestimuleerd een nieuwe auto aan te schaffen. De auto-industrie werd gestimuleerd en produceerde goed. Veel ambtenaren schaften een personenauto aan met een lening van de bank. De meeste van hen kochten de auto om na hun werktijd bij een taxibedrijf te werken en zo het gezinsinkomen te vergroten.
Ambtenaren in Iran zijn betrouwbare crediteuren. Maar nu dreigt deze middenklasse met zijn stabiele inkomen massaal failliet te gaan. Dat heeft te maken met een andere economische maatregel van de regering-Ahmadinejad: het gedeeltelijk afschaffen van de subsidie op benzine. Doordat de prijzen voor benzine stijgen moeten veel taxibedrijven de deuren sluiten. Met als gevolg dat de autobezitters hun lening niet kunnen afbetalen en de banken hun geld niet krijgen. Dit alles versterkt de economische problemen dan weer.

President en economie

De conservatieven staan voor twee belangrijke vragen: hoe kan de economie weer op gang worden gebracht? En: hoe kan in cultureel opzicht een nieuwe richting worden ingeslagen zonder de samenleving beperkingen op te leggen die een groot deel van de bevolking ervaart als onaanvaardbaar en achterhaald? De jonge Iraanse bevolking is veelal een stuk pragmatischer dan de idealistische generatie van de revolutie. Jongeren willen vooral een baan, een eigen huis en een gezin. En daarin schuilt nu het probleem, want de agressieve taal van Ahmadinejad tegen het buitenland (met name de VS) lokt bepaald geen buitenlandse investeerders en dus zal de economische situatie niet snel verbeteren.

De armen willen graag iets merken van ontwikkeling op het platteland en in arme wijken van de steden. Daarvoor is een gezonde economie nodig en voldoende staatsinkomen. De economische politiek van Ahmadinejad bleek al snel rampzalig. De islamisering van banken heeft geleid tot devaluatie van de Iraanse valuta. De verdubbeling van het minimuminkomen heeft ertoe geleid dat veel mensen werkloos zijn geworden of na ontslag opnieuw aangenomen zonder arbeidscontract en dus zonder recht.

In de zomer van 2007 waarschuwden vooraanstaande economen Ahmadinejad dat zijn economisch beleid gaat leiden tot een grote economische crisis. Hij werd geadviseerd de economie buiten de politiek te laten. Rafsanjani slaagde erin Geestelijk Leider Khamenei te bewerken ten gunste van een meer hervormingsgezind economisch beleid. Ahmadinejad werd hier en daar teruggefloten. Zo werd kort daarop een nieuwe directeur voor de Nationale Bank aangesteld, de hervormingsgezinde econoom Tahmasb Mazahari, die onder Khatami minister van Economie en Financiën was. Mazahari moet er voor zorgen dat buitenlandse investeerders blijven investeren.

Rafsanjani werd in 2006 voorzitter van twee machtige raden: de Vergadering van Experts (die de nieuwe Geestelijk Leider kiest) en de Beoordelingsraad, die uitspraken doet over geschillen tussen parlement en de Raad van Hoeders. Met de terugkeer van Rafsanjani in het centrum van het politieke spectrum krijgen de hervormingsgezinden weer meer ruimte. Rafsanjani wil een betere verstandhouding met het Westen en gebruikt minder dreigende taal dan Ahmadinejad.

Buitenlandse politiek

Het meest heikele punt in de Iraanse buitenlandse politiek is de atoomindustrie. De verhouding tussen Iran en de VS wordt aan het begin van de 21ste eeuw vooral bepaald door Iraans nucleaire politiek. Na de val van de sjah verloren de VS een belangrijke bondgenoot in het Midden-Oosten. In de buitenlandpolitiek werden de gevolgen van de revolutie merkbaar. De gijzeling in de Amerikaanse ambassade bracht de betrekkingen met de VS op een dieptepunt. In de oorlog die Saddam Hoessein tegen Iran begon, kort na de revolutie, steunden de VS Irak in politiek en militair opzicht. Dat heeft de relatie verder verslechterd. De VS probeerden Iran via sancties economisch te isoleren. In 1987 werd de invoer van alle goederen uit Iran verboden. In 1995 volgde een verbod op investeringen in de energiesector. De VS oefenen druk uit op bedrijven en landen die wel investeren in Iran of er handel mee drijven.

Mollahs in Isfahan. Iran heeft na de revolutie een ingewikkelde en ongemakkelijke combinatie gecreëerd van democratie en theocratie.

Onder Rafsanjani kwam er voorzichtig ruimte voor contact; president Khatami stak zelfs vrij openlijk de hand uit naar de VS met zijn rede in de VN over de 'dialoog tussen beschavingen'. Maar de regering-Bush bestendigde de sancties tegen Iran en stelde nieuwe sancties in. Na de 9/11 aanslagen in 2001 noemde president Bush Iran een van de landen die tot de As van het Kwaad behoorden, en beschuldigde het land van steun aan Al Qaida. Geen wonder dat Iraniërs zich bedreigd voelen door de buitenlandpolitiek van de VS. Ahmadinejad speelt in op de nationale gevoelens van de Iraniërs en krijgt daarom veel steun voor zijn harde opstelling. Het geeft hem een excuus om hard in te grijpen tegen oppositiebewegingen in Iran zelf. De VS dragen zo indirect bij aan een verzwakking van groepen in Iran, zoals intellectuelen, vrouwen- en studentenorganisaties die van binnenuit democratisering tot stand willen brengen.

Steun uit Azië

Na de Iran-Irak oorlog zagen de Russen in Iran een afzetmarkt voor hun nucleaire industrie. In Iran werd na de oorlog een andere buitenlandse politiek ontwikkeld. Het land moest tegen de moderne en geavanceerde Amerikaanse wapenindustrie worden verdedigd. De nucleaire industrie geeft het land een status waarmee het buitenlandse vijanden wil afschrikken. Russische ingenieurs kwamen massaal naar Iran om te werken aan het opzetten van industrie voor de ontwikkeling van atoomenergie. Maar omdat Rusland niet alle technische kennis beschikbaar wilde stellen, zocht Iran bij Noord-Korea, Pakistan, China en India naar aanvullende technische kennis en ondersteuning. In ruil daarvan leverde Iran aan deze landen goedkoop olie en gas.

De Amerikaanse regering verzocht Pakistan in 2004 de samenwerking met Iran op het gebied van nucleaire energiewinning stop te zetten. In ruil daarvoor werd de politieke veiligheid van de Pakistaanse president Musharaf gegarandeerd. De VS vroeg ook India af te zien van het beschikbaar stellen van nucleaire kennis aan Iran. India zegde daarop toe alleen kennis ter beschikking te stellen voor het ontwikkelen van de ICT-sector in Iran. Dezelfde strategie paste de VS toe in Noord-Korea. Dat land kreeg meer ontwikkelingshulp in ruil voor vermindering van de samenwerking met Iran. Het is de VS dus gelukt Pakistan, India en Noord-Korea voor zich te winnen, maar de Russen en Chinezen geven geen gehoor aan het Amerikaanse verzoek. Ze blijven verkondigen, net als de Iraanse regering, dat de verrijking van uranium slechts voor civiele doeleinden wordt gebruikt. Iran heeft, zolang het geen atoomwapens bezit, weinig andere mogelijkheden dan te dreigen en vervolgens de dreigingen te verzachten. En ondertussen bondgenoten te verzamelen.

Politiek en sapcentrifuges

In 1992 werden vier Koerdische Iraniërs vermoord in het Griekse restaurant Mykonos in Berlijn. De Iraanse regering werd indirect in staat van beschuldiging gesteld. De veroordeling van de moordenaars in de lente van 1997 in Berlijn zorgde voor een grote diplomatieke rel. Alle Europese ambassadeurs werden uit Iran teruggetrokken. Maar de handel ging door. In dezelfde week organiseerde Philips een loterijshow op het eiland Kish, die op de nationale tv werd uitgezonden. De markt voor huishoudelijke apparatuur groeide en dit was leuke pr. Een geestelijke opende de show met gebed, mollahs zaten op de eerste rij. De opening werd begeleid door het volkslied en sentimentele Iraanse muzak en de verloting van diverse haardrogers, sapcentrifuges en drie auto's die voor de gelegenheid een Philips-kenteken hadden gekregen. Dit alles werd, in een land waar gokken verboden is, live uitgezonden op de nationale televisie.

Europa: kritische dialoog

Ook de Europese landen willen dat Iran het nucleaire programma opschort. Volgens de Amerikanen zijn de Europeanen veel te naïef door te vertrouwen op Irans beloften om dat ook te doen. De Europese Unie voert een politiek van 'kritische dialoog'. Tot 2004 kwamen vertegenwoordigers van Europa en Iran bij elkaar om te spreken over zaken als het nucleair programma, de mensenrechten en het terrorisme. Iran zegde vervolgens een vervolg op de dialoog over mensenrechten eind 2006 in Helsinki af. Dat had te maken met de instemming van Europese staten met VN-resoluties, waardoor de handel met Iran wordt bemoeilijkt. De Europese commissie ondersteunt nog wel humanitaire projecten in Iran van onder meer Unicef en de VN ontwikkelingsorganisatie UNDP. Ook worden sommige vrouwenorganisaties ondersteund.

Europa handelt deels uit eigenbelang. Vooral Frankrijk en Duitsland hebben in het verleden grote investeringen gedaan in Iran en willen geen economisch verlies lijden. Daarbij heeft vooral de Franse auto-industrie grote belangen, evenals de Duitse staalindustrie. Oliemaatschappij Shell wil samen met het Spaanse Repsol de gasvoorraden in de Perzische Golf exploiteren.

Centraal-Azië

Na het uiteenvallen van de Sovjet-Unie knoopte Iran nieuwe economische banden aan met de Centraal-Aziatische staten. De meeste landen van Centraal-Azië zijn islamitisch en hebben behoefde aan olie en gas. Iran voorziet in deze behoefte en zoekt politieke bondgenoten. De Iraanse regering heeft in de meeste Centraal-Aziatische landen een cultureel attaché. Deze zorgt voor culturele uitwisselingen en financiert bijvoorbeeld filmproducties. Centraal-Azië is daarnaast ook een belangrijke afzetmarkt voor de Iraanse auto-industrie.

Binnen de poort en daarbuiten

Wie Iran voor het eerst bezoekt zal zich verbazen over het contrast tussen de officiële gedragsregels voor het openbare leven en het leven binnenshuis, achter hoge muren. Van oudsher is het openbare en het privéleven er gescheiden. Voor een deel geldt dat ook voor het dagelijkse leven van vrouwen en mannen. Badhuizen zijn gescheiden, in de moskee zijn aparte gedeelten om te bidden, maar ook het huis zelf kent aparte ruimten voor mannen en vrouwen. In het huis zelf is onderscheid tussen 'openbaar privé': de *andaruni*, een gastenkamer, waar het bezoek wordt ontvangen en waar vooral mannen zitten, en 'familie privé': de *biruni*, de gewone kamer waar de familie samen eet en waar vooral de vrouwen zijn.

De traditionele huizen zijn omringd door hoge muren met een poort. De binnenplaats is privé; omdat daar ook mannen kunnen komen of de haren van vrouwen kunnen zien vanaf de tweede verdieping van de buurhuizen doen vrouwen daar toch al vaak een hoofddoek op. Vaak wordt van de binnenplaats een mooie groene tuin gemaakt. Een kleine oase in de drukke stad. Ook het huis geldt als een oase van rust en gezelligheid, in contrast met de grimmige buitenwereld waar strakke regels heersen en je niet kunt zeggen wat je vindt. Binnenshuis gelden andere regels, daar ben je onder elkaar met familie en vrienden. Het verschil tussen binnen en buiten laat zich ook zien in de kleding. Niet alleen doen vrouwen vaak hun hoofddoeken en lange jassen uit, ook de mannen trekken meestal gemakkelijker kleren aan als ze thuis komen. Binnenshuis ben je op je gemak, kun je veel meer jezelf zijn dan daarbuiten.

Het vrouwelijk domein is de keuken, het hart van het huis. Als er gekookt moet worden of de was gedaan, als er tomatenpuree gemaakt wordt of als er even niets te doen is in het drukke huishouden: hier is altijd ruimte om met je moeder of je zussen of andere familie te praten. Gesprekken tijdens de afwas, snel informatie doorgeven over de gast die net gekomen is, wat wel of niet tegen hem gezegd mag worden. Want wat gezegd kan worden in de sfeer van de familie, de gastenkamer of in de keuken is niet hetzelfde.

De benauwde oase

De familie mag dan een oase zijn, het is wel een oase met weinig privacy. Vaak komt er bezoek, en dan moeten de vrouwen weer aan het werk om thee te zetten en eten te maken. De hele dag door kan er familie binnenstappen, kinderen die thuiskomen uit school, een tante die even tomaten of rozen uit haar tuin komt brengen en uren blijft hangen. Soms kun je je alleen terugtrekken uit het familieleven en je eigen gedachten formuleren door te gaan liggen slapen, of een laken of deken over je hoofd te trekken en te doen alsof je slaapt. Dan bestaat je privacy dus uit de ruimte tussen je gezicht en die deken. En dan nog kan, als je de dochter van de familie bent, je vader komen vertellen dat hij een glaasje water blieft en of je dat dan maar even wilt gaan halen. Om echt rustig iets te bespreken moet je soms wachten tot de nacht, als bijna iedereen de dunne matrassen heeft uitgerold in de woonkamer en is gaan slapen. De maan schijnt boven de binnentuin en je kunt je gedachten toevertrouwen aan een zuchtje wind, of aan een vriendin die is blijven slapen. In de nacht kunnen ook belangrijke familiezaken besproken worden. Hoe het moet met de huwelijksvoorbereidingen van de jongste zoon. Welke afspraken er worden gemaakt met de ouders van de bruid over de bruidsschat en over de plek waar het jonge stel gaat wonen. Afspraken over huwelijken door de ouders van de bruid en bruidegom vinden nogal eens in familieverband plaats, omdat huwelijken tussen neven en nichten gebruikelijk zijn. Of een familieberaad gaat over de busreis naar Turkije, om daar familieleden te ontmoeten die gevlucht zijn.

Onislamitisch gedrag

De scheiding tussen privé en openbaar leven wordt wel geweten aan het islamitische regime, dat immers strenge gedrags- en kledingcodes eist, vooral van vrouwen. Maar het familie- en openbare leven zijn in Iran al eeuwenlang gescheiden. Tenminste, voor wie het zich kan permitteren: de armen op het platteland en in de stadswijken ontbreekt het meestal aan ruimte om in hun huizen deze scheiding aan te brengen.

Opmerkelijk genoeg zijn in het openbare leven in de islamitische republiek behalve de aangepaste kleding nauwelijks tekenen van de islam te vinden. Bidden gebeurt binnen; de oproep tot gebed hoor je in het seculiere buurland Turkije veel vaker. Er zijn veel typisch Iraanse zaken die niets of weinig met de islam van doen hebben. De belangrijkste dichters Sa'adi en Hafez dichtten over drank en vrouwen. En het belangrijkste feest is niet Moharram (de maand van rouw om de dood van Hossein), noch het Suikerfeest na de Ramadan, maar Now Ruz.

Buiten de openbaarheid wordt veel onislamitisch gedrag gedoogd. Alcohol, dansende of zingende vrouwen, seks voor het huwelijk, prostitutie, opium en pillen: het lijkt wel eens alsof de Iraniërs alles kunnen doen wat God verboden heeft als ze het maar stiekem doen. Hoge ambtenaren van ministeries organiseren diners en feesten waar alcohol gedronken wordt. Op bruiloften en feesten dansen mannen en vrouwen met elkaar op westerse of Iraanse muziek, waarbij de vrouwen zingen (officieel verboden) en in laag uitgesneden glitterjurken rondzwieren. Nette burgers roken thuis opium; in de grote steden zwerven junks op straat (drugs zijn uiteraard verboden). Er zijn prostituees voor wie ze weet te vinden; ook is het mogelijk een tijdelijk huwelijk (*sigheh*) te sluiten met een Iraanse (of Russische) alleenstaande vrouw die geen andere uitweg ziet dan een inkomen uit een door de islam geoorloofde seksuele relatie.

Islamitische regels
Zowel in de openbaarheid als buiten zicht zijn er weinig openlijke tekenen van religie in vergelijking met andere islamitische landen. Behalve de *hejab* van vrouwen. Hun kleding en gedrag moet Iran als islamitische republiek neerzetten. Ook mannen kunnen bijvoorbeeld op hun werk last hebben van repressie, maar het zijn vooral de vrouwen die op hun gedrag en kleding moeten letten. Toch is het te simpel om te zeggen dat alle vrouwen de hoofddoek zat zijn. Natuurlijk zijn er vrouwen die de hoofddoek graag zouden afdoen, zeker vrouwen uit de midden- en hogere klasse. Maar soms zijn ze ook de vragen erover zat van de westerse bezoekers die de hoofddoek alleen maar als symbool van onderdrukking zien. Een hardwerkende moeder zegt: 'We hebben wel belangrijker zaken aan ons hoofd dan die stomme hoofddoek. Zolang

het scheidingsrecht in het voordeel van mannen werkt en onze mannen kunnen bepalen of we wel of niet op reis mogen zonder begeleider en of we wel of niet buitenshuis mogen werken, hebben we genoeg andere zorgen.'

Ten tijde van de Iraanse revolutie droegen sommige vrouwen die lid waren van de socialistische en communistische partijen de hoofddoek als teken van verzet tegen de sjah, en om hun verwantschap met de arbeidersklasse te tonen. Vrouwen van de linkse partijen protesteerden in 1980 wel tegen de verplichte invoering van de hoofddoek. Ze voelden zich in de steek gelaten door hun mannelijke kameraden van de linkse partijen. Deze probeerden de islamieten te vriend te houden door niet al te hard te protesteren tegen de invoering van islamitische wetten.

De verplichting voor vrouwen het haar en lichaam te bedekken is overigens niet direct af te leiden uit de Koran. Daar staat wel dat Mohammed zijn vrouwen wilde beschermen tegen mannenblikken. En een goede moslim probeert de profeet in alles na te volgen. Door zich te bedekken bewijzen de dames dat ze goede islamieten zijn.

Onder de islamitische wet is een huwelijk toegestaan met meisjes vanaf negen jaar, kan een man zich relatief gemakkelijk laten scheiden en moet een vrouw die een scheiding aanvraagt vrezen voor het verlies van haar kinderen, die volgens de wet bij (de familie van) de vader horen.

Wie de kledingcodes en de sluierdracht en haar betekenis probeert te doorgronden kan wel enige lijn ontdekken. In het algemeen geldt: hoe minder sluier, des te losser de religieuze zeden. De conservatiefste vrouwen laten over het algemeen het minste huid zien. Maar de beginnende hoofddoeklezer komt toch soms voor raadsels te staan. Zo dragen de vrouwen in de buurt van het heiligdom van Mashhad, die voor geld een tijdelijk huwelijk willen sluiten, de zwartste chadors. En ook langs sommige wegen in Teheran waar straatprostitutie voorkomt bedekken de vrouwen zichzelf het meest. Er zijn ook vrouwen met een mening die erg van die van het Iraanse regime afwijkt die zich buitenshuis bijzonder zedig kleden, omdat ze geen zin hebben in gezeur of triviale zaken en zich liever wijden aan het verwerven van een betere rechtspositie van vrouwen.

De vrouwenbeweging

Er is weinig bekend over een vrouwenbeweging in Iran van vóór de 20ste eeuw. Vooral tijdens de periode van de Constitutionele Beweging (1905-1909) won de strijd voor gelijke rechten voor vrouwen aan kracht. Groepen vrouwen ijverden voor onderwijs en kiesrecht. In 1907 deelde de Geheime Unie van Vrouwen folders uit waarin volksvertegenwoordigers werden opgeroepen vrouwen een plaats te geven in het parlement. In datzelfde jaar werd de eerste meisjesschool opgericht; binnen een paar jaar waren er ruim zestig scholen voor meisjes. Een belangrijke voorvechtster van vrouwenrechten was Sadigeh Dowlatabadi (1882-1962), die afstudeerde aan de Sorbonne. Zij gaf in 1919 het eerste vrouwentijdschrift uit: *Zabane Zanan* (Stem van Vrouwen). In 1926 was zij de eerste Iraanse afgevaardigde op het congres van de Internationale Alliantie voor vrouwenkiesrecht. In 1927 legde zij haar sluier af.

Onder het bewind van Reza Sjah Pahlevi kwam er zelfs een verbod op het dragen van de sluier (in 1935). Reza Sjah wilde bijdragen aan de modernisering van de Iraanse staat. Die modernisering ging gepaard met dwang. De sluier werd afgerukt bij vrouwen die deze vanwege hun overtuiging wel wilden dragen. Dat leidde ertoe dat deze vrouwen er soms voor kozen niet meer buiten te komen, omdat ze zich niet ongesluierd aan vreemde mannen wilden laten zien.

Jaren vijftig

Begin jaren vijftig ontstond een brede sociale beweging onder leiding van minister-president Mossadeq. Vrouwen maakten enthousiast deel uit van die sociale beweging. Helaas werd met het afzetten van Mossadeq ook de liberalisering van de samenleving voor vrouwen weer teruggedraaid. Onder het bewind van sjah Mohammad Reza was de vrijheid voor vrouwen in principe gegarandeerd. Zijn vrouw, Farah Diba, verscheen ongesluierd in het openbaar. In de praktijk genoten vrouwen echter nauwelijks hoger onderwijs en was het stemrecht niet alleen voor vrouwen maar voor iedereen beperkt: er was namelijk maar één partij.

Na de revolutie

Een van de meest in het oog springende veranderingen na de Iraanse revolutie van 1978-1979 was de beperking van de vrijheden van vrouwen: vrouwelijke rechters werden ontslagen, het scheidingsrecht en familierecht werd zo aangepast dat vrouwen minder zeggenschap kregen over hun kinderen en loopbaan. Minder bekend maar net zo opvallend is de enorme groei van onderwijs aan vrouwen na de revolutie. In 2007 was 60 procent van alle studenten vrouw. De islamitische wetgeving heeft vrouwen deels belemmerd in hun actieradius, maar zeker niet de mond gesnoerd of hun maatschappelijke deelname verminderd.

Door middel van organisaties, tijdschriften, programma's en weblogs drukken vrouwen hun stempel op de republiek. De Brits-Iraanse onderzoekster Haleh Afshar toonde aan dat vrouwenorganisaties met behulp van islamitische argumenten meer rechten hebben verkregen. Ze bevechten gelijkheid met wapens die de islamitische traditie hen zelf aandraagt. Als vrouwen het meest geschikt zijn voor het moederschap, waarom krijgen dan vaders de voogdij? Dit is een van die slimme argumenten die werden gebruikt om een wijziging in het huwelijksrecht erdoor te krijgen. Het scheidingsrecht is aangepast ten gunste van vrouwen. De strijd voor erkenning van vrouwelijke rechters is nog niet gewonnen, maar vrouwelijke advocaten zijn allang weer aan het werk. Vrouwen hebben ook weer toegang tot alle studiegebieden.

Voorbeelden van strijdbare vrouwen zijn Shirin Ebadie met haar activiteiten voor mensenrechtenorganisaties, advocate Mehrangiz Kar, Azam Taleghani, die een vrouwelijke interpretatie van de Koran voorstaat, en dichteres Simin Behbahani. Vrouwen laten zich wel degelijk horen. In een patriarchale samenleving als Iran, waar de rechten van de familie in handen zijn van mannen, hebben de vrouwen weinig zeggenschap over hun eigen leven en bewegingsvrijheid. Als de positie van vrouwen op de arbeidsmarkt verbetert, heeft dit niet alleen effect op hun eigen positie, maar ook op de maatschappelijke verhoudingen als geheel. Wanneer vrouwen gaan deelnemen aan een eerder gesloten mannenmaatschappij, kan dat een aanzet zijn tot democratisering van de hele samenleving.

Shahrzad News, onafhankelijke nieuwssite

In juli 2006 is in Nederland een speciale website met nieuws over vrouwen in Iran gelanceerd: Shahrzad News. De website brengt vooral artikelen in het Farsi, maar er is een Engelstalig deel. Het nieuwsportaal was een initiatief van de Iraans-Nederlandse journaliste Mina Saadadi. 'Wij zagen dat er gebrek aan informatie was in het Westen over Iran en vice versa, daarom hebben we dit nieuwsbureau opgericht om elkaar als collega's van informatie te voorzien. Voorbeelden? Vrouwenorganisaties in Iran zijn een actie gestart om een miljoen handtekeningen bij elkaar te krijgen voor meer rechten voor vrouwen. Er was een soortgelijke actie in Marokko. De informatie hierover is in Iran niet te krijgen, maar hier wel, dus maken wij daarover een artikel in het Farsi en dat komt op de site. Omgekeerd: als studenten actievoeren, krijgen wij dat te horen. Zo was er onlangs een actie tegen het sterrensysteem. Studentes die ergens tegen protesteren, krijgen een ster op hun jas. Hoe meer protest, hoe meer sterren. Uiteindelijk worden ze van de universiteit verwijderd. Toen hebben alle studentes sterren opgeplakt en zijn zo bij elkaar gekomen. Een heel mooie actie, en wij krijgen dat nieuws.
Persvrijheid is niet alleen dat bepaalde artikelen gepubliceerd kunnen worden, het gaat ook over wie zijn stem kan laten horen. Vrijheid van meningsuiting ontwikkelen doe je ook door met collega's te overleggen en door als redactie democratisch te werken. Mensen in Iran zijn gedwongen te accepteren dat een Grote Leider voor hen beslist. Die structuur zie je vaak terug in het werk van journalisten. Maar het gaat om het ontwikkelen van eigen verantwoordelijkheid, dat zie je in Iran steeds meer gebeuren.'

Een steeds diepere generatiekloof

Interessant is de invloed van de revolutie op de familiestructuur. In de jaren zestig en zeventig van de 20ste eeuw groeide de bewegingsvrijheid van meisjes uit de middenklasse. De revolutie heeft die vrijheid tegelijkertijd versterkt en ingeperkt. Mits gesluierd hadden vrouwen in de islamitische republiek toegang tot de meeste beroepen; de intellectuele ontwikkeling en de deelname van vrouwen op de arbeidsmarkt heeft een enorme groei doorgemaakt. Maar door de islamitische wetten en de strakke handhaving daarvan werd de beschermende traditionele familiecultuur aangescherpt. Dochters werden binnengehouden omdat ze buiten last konden krijgen met de zedenpolitie; en omdat hun vaders en moeders geen ervaring hadden met het verkennen van (seksuele) vrijheden.

In de jaren zestig en zeventig richtten mensen uit de midden- en hogere klasse zich op het Westen. Kinderen gingen er studeren, de kleding werd aangepast, op straat en in huis droegen vrouwen minirokken. De meesten niet, net zomin als in het Westen. De kleding in de grote steden was wel westers. De gedragsregels daarentegen waren nog niet aan de nieuwe stijl van leven aangepast. Zoals de regel dat meisjes maagd blijven tot hun huwelijk en ouders bepalen met wie hun kinderen trouwen. De onderhandelingen over de huwelijkse voorwaarden werden door de ouders en soms de grootouders gevoerd. De kinderen werden gehoord en hun argumenten en gevoelens vaak meegewogen, maar de beslissing lag meestal in de handen van hun ouders. Nu moeten de ouders leren omgaan met kinderen die hun vrijheden verder verkennen, in de benauwende omgeving van de islamitische republiek waar iemand voor het dragen van hoge hakken al kan worden opgepakt.

Iran heeft een heel jonge bevolking: de helft van de Iraniërs is jonger dan twintig jaar. Nijpende problemen voor hen zijn het gebrek aan bewegingsvrijheid en vrijheid van meningsuiting, maar vooral het gebrek aan arbeidsplaatsen en goede huisvesting. Door het ontbreken van een verzorgingsstaat en vanwege de hechte familiebanden blijven de meeste jongeren lang afhankelijk van hun ouders. Seks voor het huwelijk is verboden. Jongeren die het zich kunnen permitteren trouwen jong.

Maar dan moeten ze wel een plek vinden om te werken en te wonen, en dat is met de huidige jeugdwerkloosheid onder jongeren niet eenvoudig. Wachten dus, ook met seks.

Maar deze generatie jongeren heeft via internet toegang tot allerlei informatie waar hun ouders geen idee van hebben. Zij zijn steeds minder geneigd de raad van die ouders serieus te nemen. In het huidige Iran tekent zich een duidelijke generatiekloof af. De ouders stammen uit de tijd van de revolutie, de kinderen zijn geboren in een islamitische staat. De ouders willen hun kinderen misschien wel meer bewegingsvrijheid geven, maar hebben te maken met de zedenpolitie die soms meer toelaat en dan opeens de touwtjes weer strakker in handen houdt. Maar ouders worstelen ook met hun eigen normen en waarden. In de jaren zeventig namen de vrijheden voor meisjes en vrouwen toe, maar toen de islamieten de macht opeisten na de revolutie werden die vrijheden weer verminderd. Vrouwen van nu met puberdochters hebben dus zelf niet leren omgaan met wat meer bewegingsvrijheid. De normen zijn strak, ook in families die niet streng religieus zijn.

Wat betekent dat in de praktijk? Een meisje van 17 jaar gaat in een provinciestad 's avonds met een vriendin de straat op om een ijsje te halen. Ze wordt gezien door een zus van moeder. Tante belt haar ouders met de mededeling dat het kind buiten gesignaleerd is. De boodschap is duidelijk: willen ze hun dochter ooit nog getrouwd zien? Want dit is natuurlijk een ramp voor haar reputatie. De eer van een jonge dochter moet beschermd worden. Maar ook ongehuwde volwassen vrouwen kunnen bijvoorbeeld niet zomaar alleen wonen, omdat er dan over hen geroddeld zal worden.

Er zijn wel vrouwen die zich er weinig van aantrekken. In de grote steden gebruiken jongeren soms de *sigheh*, het tijdelijk huwelijk, om te kunnen samenwonen. Dat werd in het voorjaar van 2007 zelfs gepropageerd door Mostafa Pourmohammadi, de minister van Binnenlandse Zaken. Hij onderkende het probleem van jongeren die veel geld moeten sparen voor hun huwelijk en daardoor vaak pas laat kunnen trouwen. Tijdelijke huwelijken zouden de wil van God zijn en een ideale oplos-

Straatbeeld Teheran, de Karim Khan straat op een rustig moment.

sing om de frustratie van jonge mannen en vrouwen te verminderen. Maar wat de minister er niet bij zei is dat een meisje dat geen maagd meer is nauwelijks nog kansen heeft op de echte huwelijksmarkt, die waar families van bruid en bruidegom een verbond met elkaar sluiten.

Kuisheidsoffensief

Hoewel president Ahmadinejad beloofde privé en publiek leven gescheiden te houden en mensen binnenshuis met rust te laten, is de scheidslijn toch lastig te trekken. Voorjaar 2007 lanceerde de president weer een kuisheidsoffensief voor vrouwen en mannen. Vlinderstrikjes en stropdassen werden verboden. De hoofddoeken moesten weer alle lokken bedekken. Herenkappers werd verboden 'westerse coupes' te knippen (op straffe van het verlies van hun vergunning) en jongens mochten geen gel meer in het haar dragen. Wat te doen? Thuis wel gel in maar voordat je de straat opgaat je zorgvuldig in model gebrachte coupe weer uitwassen? Gelukkig zijn er in Iran veel thuiskappers, die geen vergunning te verliezen hebben.

Juist voor jongeren is de uitdrukking van individualiteit belangrijk voor hun identiteitsvorming. De president probeert hen te modelleren naar islamitisch voorbeeld, maar veel jongeren hebben daar niet zo'n trek in. In omringende landen, en ook onder sommige jongeren in het Westen, groeit de belangstelling voor de islam; de islamitische republiek zelf daarentegen heeft eerder te kampen met toenemende desinteresse. De haardracht is op zich niet het belangrijkst, maar jongeren zien het als verregaande bemoeizucht van het strakke regime. Zij proberen de grenzen op te rekken, en verschijnen in het openbaar met gewaagde haardracht, de sluier op het achterhoofd en de verplichte buitenjas tot boven de knie. Ze voelen zich beknot in hun vrijheid en proberen de straat terug te winnen door een eigen identiteit te laten zien, ook al is dat volgens de regering in strijd met de islam.

Beperkte vrijheden voor jongeren

Hoewel de Iraanse overheid graag de schijn wekt dat de bevolking volledig achter het bewind staat, zijn jongeren op zoek naar individuele expressie. Illustratief is dat Iran, met China, wereldwijd het grootste

De Iraanse vlag dateert uit 1905. Groen is de kleur van de islam, wit staat voor vrede en rood voor moed. In 1979 werd de leeuw met zon en zwaard in het midden vervangen door het gestyleerde symbool voor Allah. In de rode en groene baan werd in Arabisch schrift 22 keer 'Allah is groot' toegevoegd, een verwijzing naar 22 februari 1979, de dag waarop de islamitische revolutionairen definitief hadden gewonnen.

De graven van de martelaren uit de oorlog met Irak worden goed onderhouden.
Foto: Annelies van Brink

Millenniumdoelen Iran

Doel 1: *bestrijding extreme armoede en honger*
- Bevolking onder de grens van 1 dollar per dag (%): **2,0**
- Ondervoeding kinderen (<5 jaar, %): **10,9**
- Bevolking onder de nationale armoedegrens (%): niet beschikbaar

Doel 2: *iedereen naar school*
- Aanmelding basisonderwijs (%): **95,4**
- Deel van hen dat graad 5 haalt (%): **87,8**

Doel 3: *gelijke rechten man-vrouw*
- Aanmelding basisonderwijs (ratio meisjes-jongens): **1,2**
- Alfabetisering (%, gemiddelde M/V): **97,4**
- Aantal zetels vrouwen in parlement (%): **4,1**

Doel 4: *afname kindersterfte*
- Kindersterfte (< 5 jaar, per 1.000 levend geborenen): **36**
- Inentingen tegen mazelen (<1 jaar, %): **94**

Doel 5: *betere zwangerschapszorg*
- Kraambedsterfte (per 100.000 geboortes): **76**

Doel 6: *strijd tegen HIV/AIDS, malaria en andere ziektes*
- Mensen met HIV (15-49 jaar, %): **0,2**
- Tuberculose (per 100.000 mensen): **30**

Doel 7: *een gezond milieu*
- Land bedekt met bos (%): **6,8**
- CO_2-uitstoot per hoofd van de bevolking (metrische tonnen): **6,3139**
- Toegang tot schoon drinkwater (%): **94**

Doel 8: *ontwikkeling algemeen*
- Internetgebruik (per 100 mensen): **25,5**
- Jeugdwerkloosheid (15-24 jaar, %): **23,1**

Bron: UN MDG Monitor 2008 (www.mdgmonitor.org)

aantal bloggers telt. De inhoud van de blogs varieert van mode tot een artikel met advies aan Iraanse politieke gevangenen. De schrijver van het laatste artikel werd in 2003 gearresteerd en onderging psychische martelingen. Hij bracht een hervormingsgezinde website onder in Nederland, zodat die door de Iraanse regering niet uit de lucht gehaald kon worden.

Jong en oud zoeken creatieve oplossingen om hun gevoelens en gedachten te uiten. Iraanse rappers zetten hun thuis gefilmde videoclip op YouTube. Familieleden in het buitenland houden hun neven en nichten in Teheran en Isfahan op de hoogte van de nieuwste videoclips en muziektrends. Jongeren dromen weg bij clips van Amerikaans-Iraanse bands; ze stellen zich een westers leven voor, vluchten net als hun neven en nichten in het Westen in virtuele werelden. Veel bekende journalistes zijn ook weblogs gestart. Velen zijn daar ook weer mee opgehouden omdat er over hen op hun eigen pagina geruchten worden verspreid. Hun integriteit en eerbaarheid wordt in twijfel getrokken door politieke *hardliners*. De mogelijkheid tot reageren wordt soms misbruikt om de blogster uit te schelden. Omdat een weblog zonder reactiemogelijkheid z'n kracht verliest houden veel vrouwen er weer mee op.

Sociale voorzieningen

Vooral jongeren uit de verstedelijkte middenklasse krijgen met dit soort zaken te maken. Op het platteland ontbreken soms de meest basale voorzieningen. Het spreekt voor zich dat daar de manier van leven en ook een eventuele generatiekloof er heel anders uitzien. Een van de grootste problemen voor jongeren is het ontbreken van betaald werk. Voor jongeren uit families met dissidenten is het extra lastig een baan te vinden. Het gebrek aan werk en eigen woonruimte heeft grote invloed op de leefstijl, zelfstandigheid en ontwikkeling van de nieuwe generatie. Wie spreekt over de beperkingen van jongeren in Iran moet niet alleen oog hebben voor de strikte regels van de islamistische leiders, maar ook zien hoezeer deze bepaald worden door traditites, familiebanden en economische omstandigheden.

Zo'n 10 procent van de mensen leeft onder de armoedegrens van 2 dollar per dag. Volgens officiële cijfers ligt de werkloosheid rond de 12 procent, maar het werkelijke cijfer is volgens lokale analisten bijna twee maal zo hoog. Volgens de Iraanse overheid lag de jeugdwerkloosheid rond de 28 procent in 2002. De hoge inflatie (bijna 16 procent in 2007-2008) maakt het dagelijks leven steeds duurder. De maatregelen van de overheid om de hoge werkloosheid terug te dringen kosten veel geld, en wakkeren de inflatie verder aan.

Voedsel- en benzinebonnen

Een aantal illegale praktijken heeft direct te maken met de Iraanse verzorgingsstaat. De overheid geeft aan de Bonyad-e Mostazafin (Vereniging voor Minderbedeelden) coupons voor gesubsidieerde basislevensmiddelen als rijst, suiker, thee, olie, zout, vlees en melkproducten. Mensen kunnen met hun bonnen boodschappen doen bij de winkeliers in de buurt. Veel winkeliers verkopen echter een groot deel van de gesubsidieerde basislevensmiddelen tegen vrijemarktprijzen, die drie tot vier keer zo hoog zijn. Dat ze dat doen is ook wel weer begrijpelijk omdat ze zelf de grootste moeite hebben het hoofd boven water te houden. De inkoopprijzen van de gesubsidieerde levensmiddelen stijgen snel; om nieuwe voorraad te kunnen aanschaffen moet men eerst de oude verkopen. Maar de opbrengst daarvan is al minder waard dan nieuwe inkoop. Soms, als de buurtbewoners er achter komen dat de winkelier zijn gesubsidieerde voorraad verkoopt tegen marktprijzen, wordt de winkel in brand gestoken.

Het gebeurt ook dat ambtenaren die werken bij de distributiebureaus voor voedselbonnen een deel zelf verkopen. Sinds de benzine op de bon is zijn taxichauffeurs minder gaan werken, omdat ze met hun benzinebonnen drie keer meer kunnen verdienen dan met taxiritten. Benzine is op de vrije markt ongeveer 1,80 euro per liter en met een bon 65 cent. Particuliere taxibedrijven kopen de bonnen van hun staatscollega's.
Een rit met een particulier taxibedrijf is voor de gemiddelde Iraniër vrijwel onbetaalbaar geworden.

Vrouwenhandel en prostitutie

In 2002 gaf het Iraanse Centraal Bureau voor Statistiek aan dat alleen al in Teheran 84.000 straatprostituees werkzaam zijn. Een jaar later werden in Teheran 250 bordelen geteld. Uit onderzoek van journaliste Donna M. Hughes bleek dat duizenden Iraanse vrouwen en meisjes zijn verkocht als seksslavinnen aan het buitenland. Het hoofd van de Iraanse Interpol gaf in een interview in de krant *Resalaat* aan dat de handel in vrouwen voor gedwongen prostitutie zeer profijtelijk is. De handel kan volgens hem niet zonder medeweten van hoge staatsfunctionarissen plaatsvinden en moet tot op de bodem worden uitgezocht. Hughes liet in haar onderzoek zien dat veel meisjes afkomstig zijn uit de verarmde plattelandsgebieden. Drugsverslaving is epidemisch in heel Iran en sommige verslaafde ouders verkopen hun eigen kinderen om hun verslaving te financieren. De hoge werkloosheid is ook een reden voor jongeren om een riskant werkaanbod te accepteren.

Veel slachtoffers van vrouwenhandel komen terecht in de Arabische Golfstaten. Volgens het hoofd van de justitiële autoriteit in Teheran, jagen handelaren op meisjes tussen 13 en 17 jaar, maar er zijn ook kinderen van acht of tien jaar verhandeld. De politie heeft een aantal netwerken opgerold, waarbij meisjes vanuit Teheran naar Frankrijk, Groot-Brittannië en Turkije werden verkocht. Een Turks netwerk kocht gesmokkelde Iraanse vrouwen en meisjes, gaf hen valse paspoorten en transporteerde hen naar Europa en de Golfstaten. In de noordoostelijke provincie Khorasan rapporteerde de lokale politie dat meisjes gedwongen worden als prostituee te werken en aan Pakistani worden verkocht. Deze trouwen de meisjes en verkopen ze dan aan Pakistaanse bordelen, *Kharabat* genaamd. Het hoge commissariaat van de zuidoostelijke grensprovincie Sistan Baluchistan meldt in de krant *Resaalaat* in 2004 dat duizenden Iraanse meisjes zijn verkocht aan Afghaanse mannen. Hun eindbestemmingen zijn onbekend.

Uit onderzoek van het Iraans Centraal Bureau voor Statistiek in 2002 bleek dat 90 procent van de weggelopen meisjes ernstig gevaar loopt om in de prostitutie terecht te komen. De directeur adviseerde de centrale overheid te investeren in opvanghuizen voor weggelopen meisjes.

Deze wegloophuizen zijn er gekomen maar ze zijn vaak in handen van corrupte ambtenaren die banden hebben met prostitutienetwerken. Bijvoorbeeld in Karaj werden het voormalig hoofd van een Revolutionair Tribunaal en zeven andere autoriteiten gearresteerd in verband met een prostitutienetwerk, dat meisjes van het wegloophuis Centrum van Islamitische Oriëntatie exploiteerde. In Qom, het centrum van religieuze training, behoorden overheidsambtenaren (ook van het ministerie van Justitie) tot de gearresteerden.

Sommige geestelijken zijn van mening dat prostitutie gelegaliseerd moet worden: zij stelden voor bordelen te organiseren, 'zedenhuizen' genaamd, gebruikmakend van de traditionele religieuze gewoonte van een tijdelijk huwelijk, waarbij een paar voor een korte periode – zelfs voor een uur – kan huwen. Dit zou ook de beste manier zijn om de verspreiding van hiv tegen te gaan.

Mensensmokkel

Mensen die het land willen verlaten zonder toestemming van de regering zijn afhankelijk van mensensmokkelaars. De afgelopen dertig jaar is een groot netwerk ontstaan, dat volgens de Iraanse regering zo'n 2,5 miljoen Iraniërs illegaal naar het buitenland heeft geholpen. De smokkelaars zouden samenwerken met diplomaten en hun medewerkers voor het regelen van visa. Ook beschikken de mensensmokkelaars over connecties met buitenlandse bedrijven in Iran die uitnodigingsbrieven kunnen regelen voor een buitenlandse zakenreis. De prijzen voor visa variëren van 10 tot 15 duizend dollars. Als men op de zwarte lijst staat en ook een paspoort met een andere naam nodig heeft, kunnen de kosten al gauw oplopen tot 20 duizend dollar.

Toegankelijke gezondheidszorg

De toegankelijkheid van de gezondheidszorg is de laatste decennia zeker verbeterd. Er zijn kleine klinieken gebouwd op het platteland en medische studenten die met een staatsbeurs studeren zijn verplicht na hun studie twee jaar in de provincie te werken. De meeste mensen zijn verzekerd voor ziektekosten. De verbeteringen zijn af te lezen aan de dalende cijfers voor kinder- en zuigelingensterfte. Ook sterven er minder vrouwen in het kraambed, doordat na de dood van Khomeini een actief anticonceptiebeleid is gestart. Om ook in de toekomst over een sterk leger te kunnen beschikken was de imam voorstander van een hoog geboortecijfer, maar de sterke bevolkingsgroei van de jaren tachtig en negentig bleek vooral een last voor de overheidsuitgaven en de economie. Het gevoerde anticonceptiebeleid was zeer effectief. Terwijl in 1989 nog slechts de helft van de paren anticonceptie gebruikte, was dat in 2000 al bijna driekwart. Het aantal tienerzwangerschappen daalde tussen 1996 en 2000 met de helft (naar 26.8 per 1000 tieners).

Een andere oorzaak van de afnemende kindersterfte is de algehele verbetering van de natale zorg. Er is betere voorlichting, meer vrouwen hebben toegang tot de zorg rondom de geboorte, de kwaliteit van de dienstverlening van vroedvrouwen is verbeterd. Toch is het aantal kinderen met een te laag gewicht zorgwekkend. Op het platteland komen kindersterfte en ondervoeding nog veelvuldig voor.

Voor de honderdduizenden die lichamelijk dan wel geestelijk gehandicapt terugkeerden van het front tijdens de Iran-Irak oorlog van 1980-1988 is een Fonds voor Martelaren (Bonyad-e Sjahid) opgezet. Zij krijgen financiële vergoeding voor psychiatrische behandeling en medische verzorging.

Grote aantallen drugsverslaafden
Drugs zijn illegaal in de islamitische republiek, maar ze worden gedoogd, omdat de autoriteiten er zich geen raad mee weten. In het begin van de revolutie was de wrede geestelijke Khalkhali hoofd van een afkickcentrum. In zijn tijd zijn talloze verslaafde jongeren gemarteld en geëxecuteerd. De straffen voor drugshandelaren waren net zo hard als voor de verslaafden. Door de kritiek op zijn beleid is na de oorlog tussen Iran-Irak een humaner beleid opgezet. In de jaren negentig van de vorige eeuw werden enkele meer professionele afkickklinieken ontwikkeld.

De productie van papavers is afgenomen, maar de toename van papavervelden in Afghanistan blijft een groot probleem. Drugssmokkelaars gebruiken een route door Iran voor hun transport naar Turkije en Europa. Maar door de strenge controles blijft veel van de opium in Iran, met als gevolg dat het steeds goedkoper is geworden. De Verenigde Naties en de regering zijn het erover eens dat het aanbod voor een groot deel de vraag schept. Ondanks alle pogingen het drugsgebruik tegen te gaan, neemt het alleen maar toe. De opium- en heroïneverslaving in Iran behoort samen met die in Pakistan tot de hoogste ter wereld. Volgens ruwe schattingen van de overheid bedraagt het aantal drugsverslaafden er 2,5 miljoen, op een bevolking van 70 miljoen. VN-bronnen schatten het aantal Iraanse drugsgebruikers zelfs op 4 tot 5 miljoen. Opium is favoriet, gevolgd door heroïne. De drugshandel is zo omvangrijk, dat in Teheran cynisch wordt gezegd dat je sneller aan een paar gram heroïne kunt komen dan aan een *nun-e-sangak* - een op steen gebakken brood dat Iraniërs dagelijks eten.

Van oudsher is het gebruik van opium in Iran cultureel geaccepteerd, vooral in de provincies Kerman (grenzend aan Afghanistan) en Lorestan. Toch zijn ook de Iraanse autoriteiten zich ervan bewust dat drugsverslaving naast een misdrijf ook een ziekte is. Daarom zijn er afkickcentra opgericht, inmiddels zo'n negentig in het hele land – zowel staats- als privéklinieken waar onder meer methadon wordt verstrekt.

De strijd tegen drugs wordt op drie fronten gestreden: de gewapende strijd tegen de drugssmokkel, preventie en behandeling van verslaafden. Langs de lange grens met Afghanistan woedt al jaren een oorlog tegen de smokkelaars met hun drugskonvooien, waarin – zo onderstrepen VN-organisatie UNODC en de overheid de ernst van de Iraanse inspanning – sinds 1979 meer dan 3.600 Iraanse politiemannen en militairen zijn gesneuveld. Tweederde van de opiaatvangsten in de wereld komt voor rekening van Iran, en dat aandeel groeit nog steeds.

Mohamad Reza Jahani, adjunct-hoofd van het Hoofdkwartier voor Drugscontrole dat de Iraanse strijd tegen drugs coördineert, onderstreept daarnaast het belang van preventie. Zijn organisatie werkt nauw samen, zegt hij, met het ministerie van Onderwijs om de voorlichting op scholen te verbeteren. De staatsomroep zendt in samenwerking met het antidrugshoofdkwartier documentaires en films uit die de bevolking attendeert op tekenen van verslaving en op de ellendige toekomst van verslaafden.

In de eerste jaren na de islamitische revolutie werden drugshandelaars opgehangen en was afkicken de enige beschikbare therapie voor verslaafden. Nog steeds worden handelaars opgehangen, maar verslaafden worden tegenwoordig als patiënten gezien en behandeld. Gratis injectienaalden, gratis condooms om een epidemie van hiv/aids te voorkomen – de islamitische autoriteiten hebben er geen moeite meer mee. De ommekeer is uit nood geboren: hiv/aids rukte op in de gevangenissen en veel verslaafde vrouwen verdienen het geld voor hun drugs in de prostitutie. Besmette prostituees kunnen de Iraanse bevolking met hiv bombarderen, zegt de arts Mehdi Sedghazar, die dagelijks spreekuur houdt voor verslaafde vrouwen in het Huis van de Zon in een interview met de krant *Resalaat* in 2007.

Het Huis van Zon is een afkickcentrum voor de vrouwelijke verslaafden in Darwaze Dolat, een verpauperde wijk in Teheran waar veel verslaafden wonen. Het afkickcentrum behandelt 120 á 150 vrouwen per dag. Ze krijgen zes dagen per week een warme maaltijd, een bad en medische zorg. Als ze eraan toe zijn kunnen ze met methadon de eerste stappen zetten naar een bestaan zonder drugs.

In een interview met journalist Carolien Omidi in 2005 geeft de arts Sharifi een beeld van de bewoners van een afkickkliniek in het centrum van Teheran: 'Ik ben van mening dat de meeste drugsverslaafden uit verveling drugs zijn gaan gebruiken. Een slechte economische situatie, werkloosheid en vrijwel geen amusement. Alleen drugs kunnen je even een goed gevoel geven. Wat doe je dan? Ik heb jonge mensen die echte medische verpleging nodig hebben. Sommige van mijn patiënten zijn vrij jong en al meer dan vier jaar verslaafd aan heroïne.' Een patiënte van de kliniek zegt: 'Ik kwam toen in een kring terecht van vrouwen die allemaal gebruikten en in de prostitutie zaten. Zo ben ik er ook ingerold. Ik had immers geld nodig. We pasten op elkaars kinderen en hadden betaalde seks."

Olie als motor

Als de Engelsen aan het begin van 20ste eeuw geen olie hadden gevonden in de zuidelijke provincie Khuzestan zou de Iraanse economie er ondenkbaar anders hebben uitgezien. Met olie-inkomsten financierde de sjah zijn leger, olie-inkomsten vormen 84 procent van het bruto nationaal product. De regering is voor 40 procent van haar inkomen afhankelijk van olie-export en dus van goede relaties met andere landen. Iran kan zich geen al te geïsoleerde plaats op de wereldmarkt permitteren en ook andere landen hebben belang bij een goede verstandhouding met Iran. Maar het grote probleem blijft vooralsnog de politieke gevoeligheid van de handelsbetrekkingen, zowel in Iran als in het Westen.

Deel van de Zijderoute

Iran maakte deel uit van de legendarische Zijderoute, waarover per kameel en te paard goederen werden vervoerd. Grote steden als Isfahan en Shiraz, maar ook pelgrimsstad Mashhad en het zoroastrische Yazd en Kerman hadden karavanserais (vaak met badhuizen) waar de karavanen konden neerstrijken en het stof van zich afwassen, voordat ze hun reis weer voortzetten. Handelsverkeer leverde de Perzen behalve stoffen en nieuwe keramische technieken uit China ook uitwisseling van kennis en ideeën.

Van oorsprong was de bazaar, met zijn handwerkslieden en handelaren, het economische en sociale hart van de stad. Nu nog vind je in grote en kleine steden de bazaars in het centrum. Je hoort er het gehamer van de koperslagers, je ruikt de kruiden die in grote jute zakken staan opgesteld. Je kunt er tapijten kopen en keramische tegels en aardewerk, maar ook fruit, theekannen, handdoeken en zeep, glanzend witte bruidsjurken en de zweepjes die bij islamitische rouwdagen worden gebruikt. Je drinkt er een glaasje thee met kandijsuiker en gaat weer verder.

De gilden van handelaren en ambachtslieden speelden van oudsher een belangrijke rol in het politieke leven. Daarin kwam verandering met de komst van de Engelsen en Russen. Aan het begin van de 19de eeuw slaagden zij erin hun invloed aanzienlijk uit te breiden: Russen annexeerden de noordelijke havens aan de Kaspische Zee, Engelsen richtten zich meer op het zuiden. De Britten wilden de rivier de Karun in de zuidelijke provincie Khuzestan ontsluiten voor handel. Zij kochten de steun van plaatselijke sjeiks, maar stuitten op verzet van de centrale overheid. De Britten verklaarden Teheran de oorlog (1856-1857), wonnen en konden voortaan onder gunstige voorwaarden handel drijven. Ze verkregen het recht handelskantoren te openen waar ze wilden, werden vrijgesteld van belastingen en stonden boven de traditionele islamitische wetten.

Bazari's protesteerden tegen de geïmporteerde waren. Dat versterkte de relatie met de geestelijken, *oelema*. Ze vonden elkaar in hun haat tegen de westerlingen en de westerse moderniteit. De gelovige kooplieden betaalden *zakat* (door de islam verplichte offers) aan de geestelijken voor liefdadigheid, nieuwe scholen en moskeeën. De bazari's steunen de geestelijken in hun protesten tegen de sjah.

Van wie is de olie?

In september 1908 boorden Engelsen de eerste olieput in Masjed Suleiman (Moskee van Salomo), 100 km ten noordoosten van de stad Ahvaz. De Anglo-Perzische Oliemaatschappij werd opgericht en Britse technici zetten een olie-industrie op poten ten behoeve van het Britse wereldrijk. De olie bracht de provincie Khuzestan en daarmee heel Iran welvaart en moderniteit. Masjed Suleiman had al vroeg elektriciteit en je kon er de nieuwste films uit Londen zien. Er was werk, er kwamen scholen en ziekenhuizen. Maar Iraniërs konden nauwelijks hoge posten bekleden en de inkomsten uit de olie gingen vooral naar de Britten. Officieel had Iran recht op 16 procent, in de praktijk kwam gemiddeld zo'n 12 procent in de Iraanse kas.

Toen premier Mossadeq begin jaren vijftig van de vorige eeuw de olie wilde nationaliseren zocht hij vergeefs steun bij de VS. De Engelsen en Amerikanen ondersteunden zelfs een legercoup tegen Mossadeq, zetten de sjah weer op zijn troon en hielden hun aandeel in de winsten.

Toen het Britse wereldrijk uiteen begon te vallen, breidden de Amerikanen hun invloed in Iran uit. Zo kregen ze bijvoorbeeld in 1964 wettelijke immuniteit voor het Iraanse recht, in ruil voor een lening aan de sjah. Intussen namen de inkomsten uit olie sterk toe. In 1973 bijvoorbeeld bracht de olie Iran 18 miljard dollar op, de helft van het totaal aan overheidsinkomsten. Het feit dat de sjah voor zijn inkomsten niet afhankelijk was van belastingen, en dus ook over de uitgaven geen verantwoording aflegde, was een van de oorzaken van de onvrede die uiteindelijk tot de revolutie leidde.

Na de revolutie van 1978-1979

In de prille dagen na de val van de sjah was het gemeenschappelijke economische ideaal van zowel islamieten als communisten om vrij te zijn van vreemde smetten: van de buitenlandse technici, hun spullen en vooral de invloed van het buitenland. De sjah had de olie-inkomsten gebruikt voor eigen projecten die niet ten goede kwamen aan het volk. Hij bestelde vliegtuigen die vervolgens wegroesten omdat er geen piloten waren om ze te besturen. De ontwikkeling van een eigen industrie werd gehinderd door de import; de economie en de modernisering waren totaal afhankelijk van Europa en de VS. En dat mocht nooit meer gebeuren. De grondwet van 1979 verbiedt buitenlanders om bedrijven op te zetten of handel te drijven op Iraans grondgebied.

Nadat de sjah en de machtige families vertrokken waren, werden al hun bezittingen geconfisceerd en verdeeld over de staat en over de *bonyads*, conservatieve religieuze verenigingen die na de revolutie zijn opgezet. In de islamitische wet staat, dat wie een stuk verwaarloosd land bewerkt, zich de eigenaar mag noemen. Dit gebeurde met bezittingen van degenen die gevlucht waren. Eerst lieten de bonyads de grond verwaarlozen, of kapten zelfs alle bomen en plantten daarna weer nieuwe. Zo eigenden ze zich land en gebouwen toe. De bonyads hebben welluidende namen, zoals de Vereniging voor Minderbedeelden (Bonyad-e Mostazafin) en de Vereniging voor de Martelaren (Bonyad-e Sjahid), de veteranen van de Iran-Irak oorlog. Deze organisaties zijn opgezet als liefdadigheidsinstellingen. Ze beschikken bijvoorbeeld over psychiatrische instellingen en tehuizen. Hun inkomen is deels afhankelijk van wat mensen storten in de metalen bussen op straat. Maar het grootste deel van het inkomen komt uit hun eigen bezittingen en productiemiddelen.

Bonyads bezitten niet alleen grond of gebouwen, maar ook banken, verzekeringsmaatschappijen en pensioenfondsen, landbouwbedrijven, een deel van het vervoer, de mijnen, petrochemie, de metaal- en de elektronische industrie. De Bonyad-e Mostazafin bezit onder meer 64 mijnen, 150 industriële ondernemingen en drie grote kranten in Teheran. Deze vereniging had begin jaren negentig 65.000 mensen in dienst en een omzet van bijna 20 procent van het totale overheidsbudget.

De invloed van de bonyads is uiteraard groot. Niet alleen op de overheid, maar ook op het stemgedrag van mensen. De Bonyad-e Sjahid, die zorg draagt voor oorlogsinvaliden, kan bijvoorbeeld beslissen over de hoogte van hun uitkeringen en veteranen voordragen voor een hypothecaire lening (bij een bank die eigendom is van de Bonyad-e Mostazafin). Nieuwe huizen worden door weer een andere afdeling van die bonyad gebouwd. Op het moment dat er verkiezingen zijn, is het natuurlijk prettig als mensen niet vergeten wie hun weldoeners zijn (en conservatief stemmen).

Nieuwe economische politiek

Na de oorlog met Irak (1980-1988) was duidelijk dat autarkie volstrekt onrealistisch was, zeker voor een land dat zo afhankelijk is van de inkomsten van olie. De verliezen na de oorlog waren groot, de economie had een impuls nodig, en geld. Het inkomen per hoofd van de bevolking was sinds de revolutie met meer dan de helft achteruit gegaan. Wilde de Iraanse regering de steun van de bevolking houden, dan waren er leningen nodig om hen van de meest basale zaken te kunnen voorzien. Iran zocht hiertoe contact met de Wereldbank en het IMF. De voorwaarden van de financiële instellingen waren onder meer privatisering van overheidsbedrijven en van het bezit in handen van de bonyads. Conservatieve geestelijken protesteerden fel: onafhankelijkheid van buitenlandse producten, technici en invloed was immers een van de belangrijkste eisen van de revolutie geweest. Maar het was ook duidelijk dat de Iraanse bevolking niet langer bereid was zich op te offeren voor onhaalbare idealen.

De druk op de machthebbers groeide. Het dilemma was handeldrijven zonder het islamitische gezicht van de republiek te verliezen. De toenmalige president Rafsanjani bereidde elke stap van zijn nieuwe economische politiek zorgvuldig voor, onder meer in zijn vrijdagpreken. De nieuwe lijn was: 'De ideeën van de revolutie uit te dragen door meer contacten te leggen met de rest van de wereld.' Zo werd het klimaat geschapen waarin de broodnodige leningen konden worden afgesloten.

De economische politiek van Rafsanjani was gericht op het bevorderen van privatisering en het aantrekken van buitenlandse investeerders. Vanaf 1990 werd de regel- en wetgeving voor contacten met buitenlandse bedrijven versoepeld: de importregels werden vereenvoudigd, westerse oliemaatschappijen werden uitgenodigd te investeren – het Franse Total sloot al snel een contract met de nationale oliemaatschappij NIOC – en bovendien werden vrijhandelszones ingesteld. Zeer tegen de zin uiteraard van de meer behoudende geestelijken.

De vrijhandelszones waren een mooie manier om te experimenteren met buitenlandse investeringen zonder alle economische principes overboord te gooien. Ver van de hoofdstad en het politieke centrum werden zones met speciale regels gesticht. Buitenlandse investeerders in deze vrijhandelszones hoeven vijftien jaar lang geen belasting te betalen, mogen de winst mee het land uit nemen en hebben geen visum nodig voor deze gebieden. Ze mogen zelfs eigen banken stichten en daar de wisselkoers van de vrije markt hanteren. Inmiddels zijn zo'n 1.600 bedrijven actief op de eilanden Qeshm en Kish in de Perzische Golf, bij Bam, Sarakhs (aan de grens met Turkmenistan) en Khorramsjahr (in de delta aan de grens met Irak). In deze vrijhandelszones vindt onder meer de productie van auto's plaats, en van huishoudelijke apparatuur.

Na de introductie van de nieuwe economische politiek brachten sommige bonyads hun bedrijven op de markt, of verkochten aandelen aan werknemers. Toch kwam de privatisering niet echt op gang. De reden daarvoor is deels politiek. Een bedrijf overdragen aan de vrije markt betekent namelijk ook invloed en macht verliezen. Bedrijven in handen van particulieren onttrekken zich meer aan de grip van de overheid en de bonyads. De nieuwe eigenaren en aandeelhouders zullen willen meepraten over planning en beleid en zich mengen in zaken waar de overheid tot dusver zelf alleen controle had.

Vijfjarenplan 2005-2009

Het vierde vijfjarenplan voor de economie dateert uit 2005 en loopt tot 2009. Het voornemen is onder meer corruptie tegen te gaan en de werkgelegenheid te vergroten. De regering streeft naar een jaarlijkse economische groei van 6 procent (rond de 4 procent in 2006-2007).

De Iraanse regering slaagt er vooralsnog niet in de hoge werkloosheid (officieel 14, maar naar schatting 25 procent van de beroepsbevolking) terug te dringen. De beroepsbevolking bestaat uit 23 miljoen van de 68 miljoen Iraniers. Elk jaar komen er een miljoen jongeren bij op de arbeidsmarkt. Zo'n 60 procent van de bevolking is jonger dan 25 jaar. Iraniërs zijn veelal goed opgeleid, er is in vergelijking met andere landen in de regio een laag percentage analfabeten. Het gevolg is wel dat het land te kampen heeft met een *braindrain*. Hoogopgeleide jongeren vertrekken naar Noord-Amerika of Europa voor een vervolgopleiding of werk. Naar schatting gaat het om zo'n 200.000 jonge Iraniërs per jaar.

De importbeperkingen worden meer en meer verlicht en buitenlandse ondernemingen krijgen een vriendelijke uitnodiging te investeren in Iran (wat sinds de wet van 2002 een stuk gemakkelijker is geworden). Zo kunnen bedrijven met Iraanse samenwerkingspartners zakendoen in het land, de winst mag uit Iran worden meegenomen en de buitenlandse investeerders krijgen dezelfde rechtsbescherming als de Iraanse. Het parlement moet wel nog toestemming geven als meer dan 49 procent van een bedrijf in buitenlandse handen komt. Maar door de onzekere politieke situatie in Iran en in de regio durven veel potentiële investeerders het toch niet aan. Alleen in de olie-industrie zijn veel buitenlandse investeerders, daarbuiten nauwelijks. Vooral westerse investeerders blijven weg, Rusland, China en India hebben wel in Iran geïnvesteerd. Bedrijven uit China, India en Maleisië investeerden in de periode 2004-2007 samen 90 miljard euro in Iran.

Ook van de beoogde privatisering van staatsbedrijven is nog niet zoveel terechtgekomen. Tot dusver is nog slechts 20 procent van alle economische activiteiten in particuliere handen. Het gaat vooral om de landbouw, veeteelt, kleine industrie, handel en diensten. De overheid is verantwoordelijk voor de buitenlandse handel, media, banken, delfstoffen, post, telefonie en alle openbaar vervoer.

Iran zou een stuk meer kunnen produceren, maar heeft te kampen met interne inefficiëntie en een marginale economische positie op de wereldmarkt, mede als gevolg van de politieke spanningen en de daarmee samenhangende export- en importbeperkingen. Een ander probleem is de hoge inflatie (12 procent in 2006) en werkloosheid. Iraanse economen hebben voorgesteld deze problemen deels te ondervangen door de industriële sector uit te breiden. Maar voor de producten van deze industrie is nauwelijks een markt: door de hoge inflatie hebben de Iraanse consumenten juist minder te besteden.

Petrochemische industrie

Vooral in het zuiden en in de Perzische golf liggen enorme olie- en gasvoorraden, naar schatting 132 miljard vaten olie en 26,6 miljoen kubieke meter aan gas (oftewel zo'n 15 procent van de totale wereldreserves). De productie ligt rond de vier miljoen vaten ruwe olie per dag. In Iran zelf zijn negen werkende raffinaderijen; andere raffinaderijen zijn tijdens de oorlog met Irak vernietigd en nog niet weer opgebouwd. Daarom exporteert Iran voor meer dan de helft ruwe olie. De inkomsten uit olie en gas bedroegen in 2005 50,6 miljard dollar. Iran exporteert geen gas, maar heeft wel de grootste gasreserve na Rusland.

In 1964 werd het Nationale Petrochemische Bedrijf opgericht (NPC), dat na de revolutie van 1979 onderdeel werd van het ministerie van Olie. De olie-industrie is Iraans succesvolste industrie, mede door de inzet van de Iraanse regering zelf maar ook door de belangen van buitenlandse oliemaatschappijen en handelspartners. Gas ziet men als een goede, minder vervuilende vervanger van olie. Het wordt gebruikt voor elektriciteitscentrales, in huishoudens en in de industrie. De capaciteitsgroei van de NPC is de laatste jaren vertraagd. In 1997 is er een plan gemaakt voor de ontwikkeling van de industrie tot 2013. In dat plan staan zo'n vijftig projecten in verschillende delen van het land, die onder meer gefinancierd zouden worden door Europese en Japanse banken. De uitvoering van de eerste projecten heeft vertraging opgelopen, en nu aarzelen de banken om weer nieuw geld in vervolgprojecten te steken. Dat komt mede door aanhoudende spanning tussen Iran en de VS.

Benzinerellen in een land vol olie

In de zomer van 2007 braken in Teheran rellen uit na de aankondiging van de rantsoenering van benzine. In mei van dat jaar waren de benzineprijzen met een kwart verhoogd. De rantsoenering leidde tot veel onrust. Mensen trokken massaal naar de pompstations om nog snel te tanken en daar ontstonden gevechten.

In een land met zoveel olie lijkt een rantsoenering vreemd. Een groot probleem is echter dat veel van de raffinaderijen in de oorlog met Irak (1980-1988) zijn verwoest en niet herbouwd. Dat betekent dat het land vooral ruwe olie produceert, maar benzine moet importeren. Om de prijzen laag te houden (en autorijden voor veel mensen betaalbaar te maken) subsidieert de overheid benzine. Maar dat leidt weer tot begrotingstekorten, die de Iraanse regering probeert te bestrijden.

Andere delfstoffen zijn metalen (koper, bauxiet, ijzererts) maar ook edele metalen als goud, zilver en edelstenen zoals lapis lazuli, agaat en turkoois. In 2003 werd bovendien uranium gevonden in de buurt van de stad Yazd. De verrijking ervan is een bron van onenigheid met de VS en andere westerse landen.

Andere economische sectoren

De Iraanse economie is tamelijk divers, vooral de agrarische en industriële sector. Het midden- en kleinbedrijf is goed ontwikkeld, maar veel bedrijven zijn in handen van de staat of worden beheerst door de bonyads. Naast de overheersende olie-, gas- en petrochemische industrie zijn ook de staalindustrie, de cementproductie, de auto-industrie, de mijnbouw en de bouw redelijk goed ontwikkeld. Daarnaast is Iran van oudsher bekend vanwege de tapijtindustrie en de productie van gedroogd fruit: dadels en vijgen en pistachenoten.

Economische indicatoren

Bruto binnenlands product (bbp)	205,4 miljard dollar
Bbp per hoofd van de bevolking (PPP)	8.700 dollar
Groei bbp	4,3 %
Stijging consumentenprijzen (inflatie)	12 %
Munteenheid	Iraanse rial (IRR), 1 euro was 13.416,90 Iraanse rial waard in januari 2008

Bron: EVD (cijfers over 2006)

Er worden in Iran verschillende automerken en typen geproduceerd, veelal in samenwerking met buitenlandse autofabrikanten als Citroën, Daewoo, Daimler, Nissan, Peugeot, Renault en Volvo. Iraanse merken zijn Paykan en Pars. Sinds halverwege de jaren negentig bestond een invoerverbod voor personenauto's, maar dat werd in 2003 opgeheven. Vooral de Franse auto-industrie heeft in Iran een stevige voet aan de grond.

Ongeveer een kwart van de Iraanse bevolking werkt in de landbouw. In het groene noorden wordt onder meer rijst verbouwd, in het hete zuiden groeien dadelpalmen en pistachestruiken. Er is een beperkte hoeveelheid kassen, maar de groente wordt vooral in de volle grond geteeld.
Iran produceert jaarlijks 17 miljoen ton aardappelen, groenten en fruit. Het gaat vooral om minikomkommers, tomaten, uien paprika en watermeloenen. Uit Nederland worden aardappels ingevoerd. Een groeimarkt is de bloementeelt. Op de melkveehouderijen leven een miljoen koeien, die samen zo'n 7 miljoen ton melk produceren (2004). Kippenboerderijen zijn samen goed voor 1,2 miljoen ton per jaar, en 655.000 ton eieren (2004). De Iraanse kaviaar is beroemd. Iran zet elk jaar 25 miljoen steuren uit in de Kaspische zee.

Krantenlezers in Shiraz. De Iraanse grondwet erkent de vrijheid van meningsuiting en van pers; mits deze niet in strijd zijn met de islam. In de praktijk betekent dit dat er voortdurend kranten worden verboden en mensen opgepakt die hun mening vrijuit verkondigen. Journalisten en hoofdredacteurs worden gevangen gezet.

Het aantal mensen met een internetaansluiting groeit snel. In 2006 had zo'n 14 procent van de bevolking een aansluiting. Ook worden jaarlijks vele jonge Iraniërs opgeleid in de informatietechnologie. Problematisch in deze sector is dat de Iraanse overheid controle wil houden op de informatie waar de bevolking toegang toe heeft. Regelmatig worden websites geblokkeerd en internetcafés gesloten. Het openen van een internetcafé is dus een riskante onderneming, net zo als het opzetten van een krant of tijdschrift.

Het zal niet verbazen dat Iran, ondanks de vele aantrekkelijke landschappen, stranden en culturele bezienswaardigheden, geen populair vakantieland is. De kledingbeperkingen en het imagoprobleem werken desastreus. Zelfs geheel verzorgde groepsreizen spreken toch vooral de meer avontuurlijk ingestelde buitenlandse toerist aan.

Vanaf halverwege de jaren negentig probeerden Iraanse reisbureaus en touroperators contacten te leggen met Europese collega's. Er werd ook onderzoek gedaan naar mogelijke reisroutes en benodigde accommodaties. Sinds die tijd organiseert een handvol Nederlandse en Vlaamse touroperators sporadisch reizen naar Iran. De reizen zijn vooral gericht op de cultureel belangrijkste steden: Teheran, Isfahan, Shiraz en soms Yazd. Voor Iraanse toeristen is vooral het groene noorden populair, de westerse toeristen trekken vooral naar grote steden. Regelmatig zijn er ook toeristen die per motor of openbaar vervoer de reis dwars door Iran maken. In de jaren zestig en zeventig lag Iran op de bekende route over land naar India en trokken vele hippies dwars door het land om hun geluk te vinden in een *ashram*. Ze hadden veel bekijks: de jongens met hun lange haren en de meisjes in korte broek.

Handelsbetrekkingen
De islamitische staat doet al langere tijd pogingen nieuwe handelspartners te vinden. Belangrijke elementen daarbij zijn de spoorlijn naar Centraal-Azië en het handelsverbond met de staten in deze regio. Russische experts werken mee aan de ontwikkeling van het omstreden kernenergieprogramma. Met Pakistan en Afghanistan wordt onderhandeld over een gasleiding naar India en mogelijk China.

Spelende meisjes op het grote Imamplein in Isfahan.

IRAN: EEN OP OLIE GEBASEERDE ECONOMIE

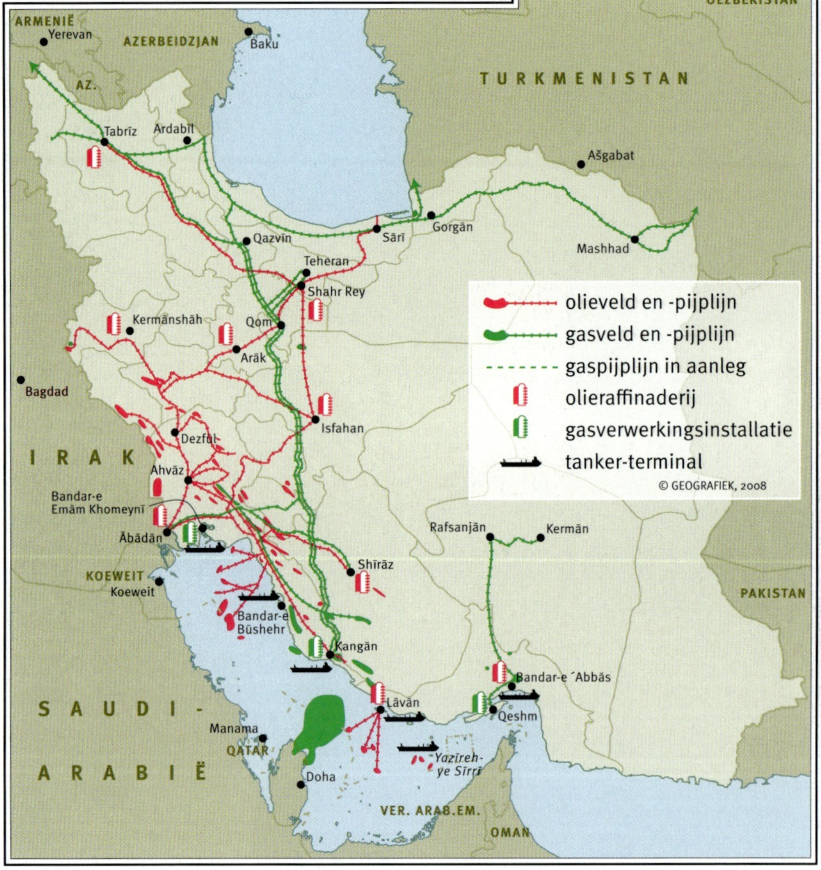

- olieveld en -pijplijn
- gasveld en -pijplijn
- gaspijplijn in aanleg
- olieraffinaderij
- gasverwerkingsinstallatie
- tanker-terminal

© GEOGRAFIEK, 2008

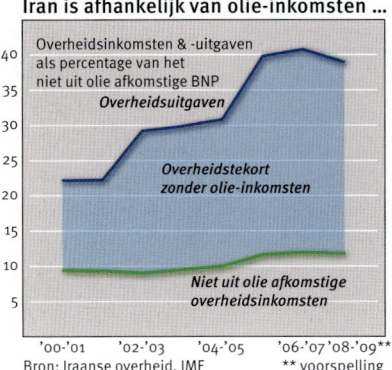

Iran is afhankelijk van olie-inkomsten ...

Overheidsinkomsten & -uitgaven als percentage van het niet uit olie afkomstige BNP

Overheidsuitgaven

Overheidstekort zonder olie-inkomsten

Niet uit olie afkomstige overheidsinkomsten

Bron: Iraanse overheid, IMF   ** voorspelling

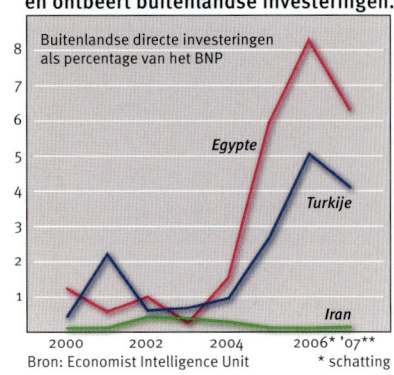

en ontbeert buitenlandse investeringen.

Buitenlandse directe investeringen als percentage van het BNP

Egypte

Turkije

Iran

Bron: Economist Intelligence Unit   * schatting

De VS weigeren al sinds de revolutie handel te drijven met Iran. Met Europa is een betere verstandhouding. De 'kritische dialoog' van de EU staat culturele uitwisseling en een goede handelsrelatie niet in de weg. Vooral Duitsland en Frankrijk maar ook Nederland hebben veel handelsbetrekkingen met Iran. Elektronicaconcerns als Philips en Siemens beschikken er over eigen kantoren en verkoopstrategieën. Ook de auto-industrie en de agrarische sector hebben veel contacten.

Buitenlandse handel Iran

Totale invoer: 45,7 miljard dollar
Totale uitvoer: 66,7 miljard dollar
Voornaamste handelspartners
Invoer: Duitsland, China, VAE, Frankrijk en Italië
Uitvoer: Japan, China, Turkije, Italië en Zuid-Korea
Bron: EVD (cijfers over 2006)

Sinds enige tijd is China sterk in opkomst als handelspartner. Chinese ondernemingen werken veelal goedkoper dan Europese, en hebben geen last van de politiek die lastige vragen stelt over mensenrechten of persvrijheid. Chinese bedrijven bouwden de metro van Teheran en zijn actief in de staalindustrie.

Iran werkt al sinds het midden van de jaren negentig met behulp van Rusland aan de ontwikkeling van kernenergie. De vondst van uranium in 2003 in Yazd heeft het nucleaire programma versneld. Omdat Iran weigert zijn nucleaire activiteiten te stoppen, besloot de Veiligheidsraad van de Verenigde Naties tot sancties. Sinds december 2006 mag geen enkel land Iran raket- of nucleaire technologie leveren; in maart 2007 werden deze maatregelen verder verzwaard en mag Iran geen wapens meer exporteren. Daarnaast zijn de tegoeden bevroren van mensen en organisatie die betrokken zijn bij wapenleveranties. Rusland en China hebben protest aangetekend tegen de maatregelen. Volgens sommige experts raken deze sancties Iran nauwelijks, omdat de belangrijkste wapenleveranties (aan Hezbollah in Libanon en aan de Iraakse sjiieten) toch al in de illegaliteit plaatsvonden.

Handel van Nederland met Iran (in mln. euro)

	Invoer	Uitvoer
2004	528,1	494,8
2005	850,8	729,5
2006	1.030,0	663,8

Bron: Economische Voorlichtingsdienst (EVD)

Handel van België met Iran (in mln. euro)

	Invoer	Uitvoer
2005	100,3	274,2
2006	133,5	466,9
2007	195,0	439,4

Bron: Instituut voor de Nationale Rekeningen, België

Milieu

Luchtvervuiling is een groot probleem, vooral in de steden. Omdat benzine al decennialang zwaar gesubsidieerd wordt, is het autogebruik hoog. Zeventig procent van de vervuiling in de grote steden wordt veroorzaakt door het verkeer. Door de beruchte smog in Teheran is de berg Damavand vaak niet te zien.

Ontbossing, overbegrazing, verwoestijning en gebrek aan schoon drinkwater zijn andere milieuproblemen. De zorg voor het milieu is in handen van de Hoge Raad voor de Bescherming van het Milieu, die bestaat uit afgevaardigden van diverse ministeries. Voor de uitvoering is het Departement van Milieu opgezet (DOE). Dit departement richt zich vooral op het verminderen van giftige uitlaatgassen, onder meer door het gebruik van autogas in plaats van benzine te promoten. De Iraanse autofabrikant Saipa ontwikkelt nu zelf ook automotoren die op gas rijden. Ook watervervuiling behoort tot de ernstige milieuproblemen. Er wordt geïnvesteerd in waterzuivering en riolering, onder andere door de Wereldbank.

Van kwatrijnen naar rap

De betekenis van de klassieke poëzie in Iran kan nauwelijks overschat worden. De meeste volwassenen kennen en citeren de dichters Hafez en Saadi en luisteren naar zangers die hun gedichten vertolken. In het leven van alledag speelt poëzie een rol. Zelfs de groenteboer kan bij een praatje een paar toepasselijke strofen reciteren. Het belangrijkste werk van Hafez staat zelfs vaak naast de Koran in huis en wordt gebruikt bij het nemen van belangrijke beslissingen. De poëzie heeft, door zijn bloemrijke beeldende taal, invloed gehad op vrijwel alle latere vormen van kunst. Gedichten zijn van belang in de religie (mystieke islam), de filosofie, geschiedschrijving en zelfs in de worstelsport. In de westerse poëzie zijn Perzische versvormen overgenomen, zoals het kwatrijn.

De maatschappelijke veranderingen in de Iraanse samenleving aan het eind van de 19de eeuw waren aanleiding voor een zoektocht naar een nieuwe vorm en inhoud voor kunst en cultuur. De leefwereld van de moderne tijd stond in schril contrast met de Iraanse klassieken. Het dagelijkse leven moest de inspiratiebron worden en de problemen van de gewone mensen moesten centraal komen staan. Deze ontwikkeling is terug te zien in de literatuur, poëzie, schilderkunst en de filmindustrie. Binnen het kamp van de moderne kunst en cultuur zijn kunstenaars die vast willen houden aan de eigen identiteit en met behulp van de traditionele vormen moderne kunst willen maken – en kunstenaars die openstaan voor westerse invloeden.

Onvergetelijke poëzie

De Iraanse klassieke poëzie heeft in de ruim duizend jaar van haar bestaan diverse stijlen ontwikkeld en op een onvergelijkbare wijze bijgedragen aan het retorisch vermogen van de Iraanse taal. Een van de belangrijkste dichtvormen uit de klassieke poëzie is de *ghazal*, een soort liefdesgedicht dat zelden meer dan 15 dubbelverzen telt. In de loop van de twaalfde eeuw is een klassieke vorm van de ghazal uitgekristalliseerd, met als voornaamste formele kenmerk de slotpassage waarin de dichter zijn eigen naam vermeldt. Hafez is het beste voorbeeld hiervan.

De bloeitijd van de klassieke poëzie ligt in 11de, 12de en 13de eeuw. Daarin hielden de dichters zich als sociaal filosofen bezig met mystieke gedachten. De gedichten kregen vorm in diverse genres, maar ze handelden over politieke moraal, religie en individu, de relatie van de mens tot de kosmos en de betekenis van God in het leven van de gemeenschap en haar individuen. De klassieke poëzie ondersteunde de politieke macht in zijn tijd, maar becommentarieerde deze ook.

Abul-Qasem Mansoer Ferdowsi leefde in de elfde eeuw en vertelt in zijn beroemdste boek *Sjahnameh* (Het Boek der Koningen) in epische stijl het mythische en historische verhaal van Iran vanaf de schepping van de wereld tot de verovering door het Arabische Rijk in de zevende eeuw. Zijn credo was 'kennis is macht'. Hij wilde Iraniërs bewuster maken van hun eigen geschiedenis. Dit boek is tot de dag van vandaag een van de belangrijkste bijdragen aan de literatuur van de Iraanse geschiedenis. De Sjahnameh geldt als het langste gedicht ter wereld. Veel Iraanse voornamen komen uit dit boek.

Dichter en filosoof Omar Khayyam leefde in de elfde eeuw. Zijn werk werd in de 19de eeuw vertaald in het Engels, waardoor het ook elders bekendheid kreeg. In het Westen is hij vooral bekend door het werk *Rubayat van Omar Khayyam,* in de vertaling van Edward Fitzgerald. Khayyams teksten worden door velen tot het soefisme gerekend, een mystieke stroming binnen de islam. Dronkenschap, beminnen en bemind worden speelt in het werk van Khayyam een grote rol.

> *Waar het jonge groen van het herlevend kruid*
> *de boorden van de beekmonding omsluit,*
> *ach, treed daar licht op, want wie weet uit welke*
> *beminde mond het ongezien ontspruit.*
> Vertaling: Johan van Schagen (1920)

In de 12de eeuw droomde de poëet Faried ad-Dien Aboe Hamed Mohammad Attar in Nishapur van een wereld zonder angst en zonder grenzen, waarin je verre reizen kunt maken en in het gezelschap kunt verkeren van vreemdelingen die je toch kennen zoals je jezelf kent, en die niet agressief of vijandig zijn. Hij noemde deze droom Simorgh. Attar schreef een lang gedicht van 300 pagina's over Simorgh: *Mantiq Ut-tair* (Het concert van de vogels). In dit gedicht riep de vogel Hop – in Azië het symbool van geluk, dapperheid, schoonheid, wijsheid, waarheidvinding en intelligentie – duizenden vogels bij elkaar om het fabeldier Simorgh te ontmoeten. De verteltraditie van Simorgh maakt deel uit van de verteltraditie en het denken van de soefistische islam. De strekking van het verhaal van Attar is dat een persoon die de absolute waarheid zoekt, niks anders vindt dan zichzelf. Aangezien Attar een mysticus is, levert zijn zoektocht naar de waarheid en God niets anders op dan de vergoddelijking van het individu.

> *De Geliefde is alles, de minnaar slechts een sluier.*
> *De Geliefde is levend, de minnaar een dood ding.*
> *Wanneer Liefde haar kracht gevende zorg onttrekt,*
> *blijft de minnaar achter als een vogel zonder vleugels.*
> *Hoe kan ik wakker en bewust zijn als het licht van de Geliefde afwezig is?*
> *Liefde wil dat dit Woord aan het daglicht wordt gebracht.*
> *Vind je de spiegel van het hart dof, dan is de roest nog niet van haar oppervlak geveegd.*
> Vertaling: Sipko A. den Boer en Aleid C. Swierenga (2001)

Moulana Djalaal ad-Dien Rumi leefde in de 13de eeuw. Hij schreef over de verpersoonlijking van God in de liefde. Zijn oeuvre is omvangrijk en bestaat, wat de poëzie betreft, uit Grote Divaan (*Divaan-e kabier*) met 3.500 ghazals en bijna 2.000 kwatrijnen, en het didactische gedicht De Geestelijke Masnavi (*Masnavi-ye ma'navi*) in zes boeken, dat ongeveer 25.000 dubbelverzen omvat.

Het metaforisch beeldend taalgebruik maakte Rumi niet alleen inhoudelijk zeer interessant, maar ook de vorm die hij gebruikt, maakte hem een voorloper in zijn tijd. Rumi nodigt ons uit om het Licht van de liefde achter de wereld van het alledaagse te zien. Hij vraagt de mens zich open te stellen voor dat Licht dat overal om hem heen en binnen hem schijnt. Dit Licht is voor Rumi het goddelijke dat elk mens in zichzelf moet ontdekken.

Filosofen als Rumi en Attar hebben altijd voor hun leven moeten vrezen. Hun waarheid dat God in ieder wezen schuilt, strookte niet met de opvattingen van de heersers. Attar is ook daadwerkelijk vermoord.

Saadi wordt gezien als de meester van het woord. Saadi's belangrijkste werk *Golestan* (Rozentuin) is door J.T.P. de Bruijn in het Nederlands vertaald. In Golestan kunnen wij zien hoe Saadi in de 13de eeuw in zijn werk een mystieke bespiegeling ontwikkelt. Volgens De Bruijn heeft Saadi een belangrijke bijdrage geleverd aan de ontwikkeling van de dichtvorm de ghazal. In een van de gedichten van Saadi zien wij hoe holistisch hij denkt:

Mensenkind

Mensen zijn als leden van één lijf,
geschapen zijn zij uit dezelfde bron.
Als een lid door het leven wordt gekwetst,
laat dit de anderen niet onberoerd.
Word je door andermans leed niet geraakt,
dan ben je de naam van mensenkind niet waard.
Vertaling: Sharog Heshmat Manesh

Sjams-Dien Mohammad was een lyrische dichter uit de 14de eeuw. Omdat hij de Koran uit zijn hoofd kende werd hij Hafez genoemd. Zijn werk werd vaak in de soefische tradities gebruikt. Maar na de Tweede Wereldoorlog werd Hafez meer en meer door de moderne dichters opnieuw geïnterpreteerd als een seculaire poëet. Hafez' boek staat bij de meeste Iraanse huizen naast de Koran. Als een familie een belangrijk besluit moet nemen pakken ze of Hafez of de Koran, en slaan die open op een willekeurige bladzijde. De strofe of soera die men leest, geeft dan richting aan dat besluit. Een klein fragment uit een gedicht van Hafez:

> **Lente**
> Laten wij de lente begroeten.
> Geniet ervan want eens zal menig bloem bloeien in de aarde die jou draagt.
> Waarom je te zeggen
> wat te doen,
> wat te drinken
> met wie te zijn?
> Vraag het jezelf en je Zelf geeft het antwoord.
> Vertaling: Wim van der Zwan (2000)

Moderne poëzie

De dichter Nima Joeshidj gaf in 1922 een nieuw elan aan de poëzie met zijn gedicht Fantasia (*Afsaneh*). Hij was de eerste dichter die vrije verzen schreef en daarmee een eigen ritmische en rijmende taal creëerde. Nima ontwikkelde een nieuwe poëzie met alledaags taalgebruik en verschillende plattelandsdialecten. Hij wilde dat poëzie dichter bij gewone mensen kwam te staan. Daartoe gebruikte hij de *robai*, het Perzische kwatrijn, een kort gedicht dat uit vier halfverzen bestaat. Kwatrijnen zijn ontleend aan de volkspoëzie. De dichter gaf het kwatrijn een nieuwe inhoud door te breken met de statische houding van de grote ik-figuur. In de meeste klassieke poëzie heeft de dichter bijna het niveau van god of schepper, maar het individu in de poëzie van Joeshidj hoefde niet groots te zijn. Het alledaagse gebeuren met een kleine menselijke maat maakt zijn poëzie bijzonder.

Het sociale leven aan het einde van de 19de eeuw kan niet met het verbeeldingsvermogen van de 14de-eeuwse poëzie beschreven worden. De moderne poëzie wilde in het midden van de samenleving staan. Nima en zijn volgelingen waren sterk betrokken bij maatschappelijke discussies. Zijn werk werd een voorbeeld voor vele jonge dichters. Shamlu, Akhawan Sales, Forough Farrokhzad en Sohrab Sepehri ontwikkelden hun werk in de jaren zestig en zeventig van de vorige eeuw en zijn nog steeds de belangrijkste moderne dichters van het huidige Iran.

Moderne literatuur

De moderne literatuur is begonnen met het werk van Sayed Mohammad Ali Djamalzadeh (1892-1997). Zijn verhalenbundel 'Er was eens' (*Yeki boed, yeki naboed*) uit 1921 maakte hem tot een van de belangrijkste moderne Iraanse schrijvers. Zijn satirische observaties van Iran, gezien door de ogen van een tijdelijk uit Europa teruggekeerde Iraniër, werden hem niet in dank afgenomen door de islamitische groeperingen.

Vele jaren later is Sadegh Hedayat (1903-1951) baanbrekend met zijn moderne roman *Boefe-kur* (De blinde uil, 1937). Hij werd gezien als de Kafka van de Iraanse literatuur. Dit boek bevestigt zijn reputatie als de eenzaamste en meest pessimistische figuur in de Iraanse literatuur.

Daarnaast was Bozorg Alavi (1904-1997) een baanbrekende schrijver. Na vier jaar gevangenschap – vanwege zijn sympathie met de marxisten in Iran – schreef hij *Varagh parehhaye zendan* (Aantekeningen uit de gevangenis, 1941) en vervolgens *Cheshmhayash* (Haar ogen, 1951), een roman waarin ideologie, psychoanalyse en romantiek samengaan in een poëtisch verhaal over een kunstenaar, sleutelfiguur uit de ondergrondse beweging in Iran, die een affaire heeft met een vrouw uit de aristocratische kringen.

In de periode van politieke vrijheid tussen 1941-1953 publiceerden verschillende nieuwe prozaschrijvers. Simin Daneshvar (geb. 1921) was de eerste op de voorgrond tredende vrouwelijke schrijver. Zij debuteerde met een bundel verhalen in 1948. In haar latere verhalen en romans vroeg ze aandacht voor de positie van vrouwen. Haar beroemde roman *Su va shun* (Het offer, 1969), een van de weinige Perzische prozawerken die in het Nederlands zijn vertaald, is een familiedrama gebaseerd op het leven in Iran tijdens de Tweede Wereldoorlog, gezien door de ogen van een vrouw.
Samad Behrangi (1939-1968) werd bekend door zijn korte kinderverhaal *Mahiye siahe kuchulu* (Het zwarte visje, 1968), en zijn verdrinkingsdood kort na publicatie. Vanwege het antiautoritaire karakter van het verhaal werd het in Iran verboden. Het won een prijs in Bologna in 1969 en werd in vele talen vertaald (ook in het Nederlands).

Hushang Golshiri (1937-2000) is de bekendste schrijver van de volgende generatie. Hij richtte met vrienden in Isfahan een eigen literair tijdschrift op, waarin zij hun ideeën en verhalen publiceerden. Zijn vernieuwende roman *Shazdeh Ehtedjab* (Prins Ehtedjab,1968), gaat over een prins uit de Qajar-dynastie die alleen uit zijn dagelijkse sleur kan ontsnappen door illusies. Hij voelt zich schuldig over de wandaden van zijn voorouders. Dit verhaal is een aanklacht tegen wreedheid en onderdrukking. Het boek werd verfilmd en vertaald in zestien talen. In 2007 verscheen de Nederlandse vertaling. Golshiri hanteerde in zijn werk de absurdistische vertelling waaruit zijn politieke betrokkenheid naar voren komt en die hem tweemaal in de gevangenis deed belanden. Golshiri was internationaal bekend en bezocht in 1989 als een van de weinige Iraanse schrijvers Nederland.

In de moderne Perzische literatuur is – net als in de filmkunst – het vertrekpunt over het algemeen realistisch, maar dit leidt vaak tot onderzoek van de onderliggende werkelijkheid. De grens tussen zichtbare werkelijkheid en onzichtbare blijft steeds in beweging.

Grote filmproductie

Iraanse films winnen regelmatig prijzen op internationale festivals. Europese en Amerikaanse filmmakers worden veelvuldig uitgenodigd op filmfestivals in Iran. Er zijn veel onderlinge contacten. De filmindustrie wordt gestimuleerd door de Iraanse regering, maar natuurlijk met mate. De filmindustrie moet vooral in dienst staan van de Iraanse staat. Het verbeelden van islamitisch feminisme is bijvoorbeeld wel toegestaan, maar het afbeelden van vrouwenhaar of een zoenscène zijn verboden.

De geschiedenis van de Iraanse cinema begint in 1900, als Mosafardin Sjah op een reis naar Frankrijk kennismaakt met bewegende beelden. De hoffotograaf van de koning kreeg de opdracht een filmprojector naar Iran te halen. Vanaf 1904 kwam de Iraanse cinema daadwerkelijk tot leven. Lange tijd richtte de filmindustrie zich voornamelijk op commerciële filmproducties. Rond de jaren vijftig van de vorige eeuw maakte de Iraanse cinema kennis met de klassieke en moderne literatuur. De

Iraanse intellectuele film begon te experimenteren met klassieke Perzische literatuur. Maar ze vond geen weerklank in de samenleving. Daarna ontwikkelde de Iraanse cinema een eigen stijl, maar wel met behulp van twee stromingen uit het buitenland: het neorealisme uit Italië en de *nouvelle vague* uit Frankrijk.

Van 1931-1979 was Iran, met een productie van meer dan 1.100 films, een van de grootste filmproducerende landen in het Midden-Oosten. Na de revolutie ging Iran zich herbezinnen op de rol van de cinema; de filmproductie kwam nagenoeg stil te liggen. In 1983 volgde de oprichting van de Farabi Cinema Foundation. De Iraanse overheid begreep dat de cinema een belangrijke propagandistische rol kon spelen op zowel nationaal als internationaal niveau.

De huidige Iraanse films zijn vaak gemaakt vanuit het realisme, maar beschouwen de realiteit vanuit verbaasde kinderogen of combineren diverse stijlen (realisme en melodrama, realisme en droombeelden, fictie en documentaire). Voor de goede verstaander fungeren deze films ook als unieke en niet zonder meer kritiekloze beelden van het leven in Iran onder het huidige islamitische bewind. De Iraanse regisseurs ontwikkelden in de loop der tijd een persoonlijke stijl en beeldtaal, waarbij ze opschoven van een fraaie maar enigszins gesloten verhaalvorm naar een zeer filmische en meer open manier van vertellen. In sommige films wordt het vrouwelijke personage op symbolische en metaforische wijze verbeeld. Mohsen Makhmalbaf is een van de bekendste filmmakers (in Nederland onder andere door *Kandahar* uit 2001). Zijn dochter Samira maakte het ingetogen *De appel* (1998), haar veelgeprezen debuutfilm, en won ook met latere films internationale prijzen.

Muziek en andere kunst

Naast de klassieke zwaarmoedige Iraanse muziek ontwikkelde zich in de jaren zestig een nieuwe lichtere vorm. Vigen Derderian vermaakte de jongeren van die tijd. Na de revolutie werd zijn muziek onzedelijk gevonden en verboden. Derderian vluchtte naar Amerika.

De eerste jaren na de revolutie hadden Iraniërs weinig mogelijkheden om aan muziek te komen. Wie over cassettebandjes of platen beschikte hield die zorgvuldig buiten het zicht van vreemden. Maar de jongeren formeerden ook ondergrondse rockbands en repeteerden stiekem achter gesloten deuren en ramen. Onder de toonbank werden al snel illegale cd's van Pink Floyd, Coldplay en Madonna verkocht, maar ook van Iraanse bandjes die in het Westen werden geproduceerd.

De regering houdt de nieuwe generatie rockmuzikanten en rappers in de gaten. Muziek die een aanklacht tegen het dagelijkse leven in de republiek uitdraagt is niet toegestaan. De regering laat wel islamitische rituele muziek toe, net zoals de Iraanse klassieke muziek. Westerse muziek wordt aanstootgevend en onfatsoenlijk gevonden. Popmuziek en popconcerten zijn uit den boze. Tot aan de jaren negentig waren moderne, westerse, instrumenten verboden en bleven de conservatoria en moderne muziekscholen gesloten.

Geen cd verschijnt op de markt zonder toestemming van de regering. Er is een Raad voor de teksten. Als men geluk heeft, duurt het niet lang voor een vergunning gegeven wordt. Men moet natuurlijk goed weten welke woorden wel en niet te gebruiken. Dus niet zingen over kussen, of over het lichaam van een vrouw. Als de tekst door de censuur is goedgekeurd, gaat het naar de Muziekraad. Daar controleren ze de muziek en het ritme. Sommige nummers kunnen geschrapt worden omdat het ritme de leden van de Raad niet bevalt of door hen als onfatsoenlijk wordt beoordeeld.

Een liedtekst van de rockband *Hasht* (Acht): 'Mijn dagen zijn klote. Het enige dat ik hoor, zijn de huilende stemmen van de mensen om me heen. Als de schaduw het licht wegneemt, zijn al mijn vrienden dood.' Een van de leden van de rockband zei in een interview met journaliste Daisy Mohr: 'Het regime is bang voor ons geschreeuw en onze woede en ze blijven stug volhouden dat niemand in de islamitische republiek iets te klagen heeft. De autoriteiten schreeuwen altijd tegen ons. Nu is het onze beurt om terug te schreeuwen. Het geeft ons een goed gevoel. Wij schelden op iedereen als wij dat nodig vinden. Natuurlijk mag dat niet; dit is een land waar je niet kan zeggen wat je wilt.'

Religieuze feesten en bruiloften

De sjia-islam kent een lange traditie van het herdenken van martelaarschap. Het treurfeest Ashura duurt een maand. Er worden dan geen bruiloften gevierd en vaak kleden mensen zich extra sober. Bij dit feest wordt de dood van imam Hosein herdacht. Hosein stierf in Kerbala, in het huidige Irak. Hosein was de derde imam. Hij werd in 680 vermoord door kalief Yazid en zijn leger in de machtsstrijd om de opvolging van Mohammed. Zijn laatste 72 getrouwen stierven met hem. Zijn lijden wordt herdacht door sjiitische moslims, die zich bijvoorbeeld met ijzeren zweepjeskettingen op de rug geselen. Er zijn optochten met klaagzangers en met religieuze bouwwerken, die op de schouders worden gedragen. In Iran zelf mag men zich niet meer verminken.

Trouwerijen worden groots gevierd, dat is ook een prestigekwestie. Met een eenvoudige bruiloft doet men de bruid geen recht. De bruid laat haar gezicht bleek schminken en zit uren bij de kapper. Ze draagt vaak geen sluier om haar mooie kapsel niet in de war te brengen maar veel bruidsjurken hebben een witte capuchon. Een auto wordt versierd om haar op te halen en naar het schoonouderlijk huis te brengen. Een geestelijke komt aan huis om de zegenwens uit de Koran uit te spreken. De hele, uitgebreide familie en vriendenkring is aanwezig en er wordt veel gedanst, en niet alleen door jongeren. Op bruiloften in traditionele families vieren mannen en vrouwen apart van elkaar feest. Als de bruidsschat en bruiloft niet al het spaargeld heeft opgeslokt gaat het jonge paar daarna op huwelijksreis. Video's kijken van bruiloft en huwelijksreis is een populair tijdverdrijf voor als er bezoek is. De montage van de video gebeurt vaak met veel bijeffecten, zoals vertraagde beelden en sterren en hartjes door het beeld.

Er zijn honderden bands die zeer actief zijn in het maken en verspreiden van muziek. Niet alleen rockbands, ook rappers, hiphoppers en *heavy metal* bands nemen songs op en verspreiden hun muziek via internet.

De vader van de Iraanse rap is Soroush Lashkari, met de artiestennaam Hich Kas (niemand). Er zijn ook vrouwelijke rappers, zoals Saloma. Haar teksten gaan onder meer over prostitutie en de oorlog in Irak.

Veel jongeren zijn gefrustreerd en ontevreden door de beperkingen van het geloof en het regime. Ze vervelen zich en al kijken ze allemaal naar satelliettelevisie, huren ze illegale dvd's en surfen ze op internet, officieel valt er weinig te beleven in Iran. Omdat jongeren hun frustraties niet kunnen uiten, grijpen ze alles wat maar even afwijkt van de norm aan om hun protest te uiten. Met komst van Ahmadinejad werd het jongeren verboden gebruik te maken van internet om hun muziek te promoten. Desondanks gebeurt het op grote schaal.

Vrouwen mochten na de revolutie niet meer zingen in het openbaar. Er werd binnenshuis, en vanaf de jaren negentig ook weer tijdens lange busreizen, wel muziek gedraaid van vrouwelijke vocalisten. Tegenwoordig wordt vrouwen toegestaan met een zachte stem te zingen. Een vrouwenstem moet altijd zachter klinken dan die van een man. Voordat muziek door de censuur gaat, mixen de meeste muzikanten de vrouwenstem daarom altijd heel zachtjes. Zodra het nummer erdoor is, gooien ze het volume omhoog.

Bouwkunst

Vanaf het midden van de 19de eeuw zijn westerse archeologen actief in Iran, eerst Franse, daarna Engelse en Amerikaanse. Zij hebben imposante bouwwerken blootgelegd. Uit preïslamitisch Iran is het bekendst Persopolis, ofwel Takhte Jamshid, de Troon (Residentie) van Jamshid, gebouwd in de vierde eeuw v.Chr. In deze stad ontvingen de sjahs elk jaar tijdens Now Ruz belangrijke gasten en onderdanen. Een afbeelding daarvan is nog te zien op de ruïnes die bewaard zijn gebleven. De kwaliteit van dit reliëfwerk is bijzonder hoog. Het paleiscomplex werd gebouwd door de beste ambachtslieden van hun tijd. Er werd geen gebruik gemaakt van slaven en het loon en de sociale omstandigheden waren goed, volgens Iraanse monarchistische historici. De stad was bij de Grieken bekend als Parsa. Alexander de Grote plunderde Persepolis, stak het paleis in brand en nam grote delen van de schatten mee.

Zo'n 90 km van Persepolis ligt Pasargadae, de hoofdstad van het rijk van Cyrus de Tweede, die heerste vanaf 559 v.Chr. Bekend zijn de tuinen die zijn aangelegd met een ingenieus leidingsysteem dat talrijke verkoelende vijvers van water voorzag. Er groeiden cipressen, fruitbomen en lelies, rozen en jasmijn.

Moskeeën

Een moskee wordt vaak niet alleen gebruikt om te bidden, maar ook om te verblijven in de koele schaduw van hoge gebouwen. Het bedevaartsoord in Mashhad telt twee moskeeën, zes theologische hogescholen, twee musea, bibliotheken en een postkantoor. Alle moskeeën hebben een fontein met een waterbekken, waar mensen zich ritueel wassen voordat ze gaan bidden.

Het oorspronkelijk bouwplan van een moskee toont een vierkant of rechthoekig omsloten plein, met aan één kant een zuilengalerij. In de gebedshal zijn een nis, *mihrab* en een kansel, *mimbar* ingebouwd, beide gericht naar de heilige stad Mekka.

Naast de hal zijn in latere eeuwen minaretten gebouwd van waaruit de gelovigen voor gebed werden opgeroepen. Moskeeën hebben hun koepels geërfd van de byzantijnse architectuur in Syrië, maar er zijn ook moskeeën met rechte daken. Voor de versiering van de muren en koepels waren keramisten nodig, die zeer ingewikkelde geometrische motieven verwerkten in hun tegels.

Keramiek

Aardewerk uit Iran kent een traditie van 5.000 jaar en is vaak bijzonder van vorm. Wijnbekers met hertenkoppen, schenkkannen met tuiten in de vorm van een vogelbek of een stierenhals en bek, of in de vorm van een kameel met draagtassen getuigen van speelsheid en vakmanschap. De decoratie is vaak met kleislib in een andere kleur aangebracht en de versieringen van vazen zijn ook weer in de vorm van beesten, schrifttekens, uit de losse hand geschilderde geometrische motieven of een combinatie daarvan.

Het Ali Qapu paleis in Isfahan

Eén van de mooiste gebouwen in Isfahan is het Ali Qapu paleis aan het grote Imam Plein in Isfahan. Het is gebouwd in de tijd van sjah Abbas, aan het eind van de 16de eeuw, de tijd van de dynastie der Savafieden. Het paleis heeft zeven verdiepingen en een bijzondere veranda met zuilen, met zicht op het beroemdste plein van Iran.
Na de revolutie werden de muurschilderingen van Reza Abassi, de hofschilder, bedekt met gordijnen, omdat er vrouwen op te zien zijn. Gelukkig zijn deze schilderingen met mensen en vogels en bloemen nu weer te zien. Niet alleen de fresco's zijn bijzonder, ook het houtsnijwerk in de kozijnen is zeer de moeite waard. In het paleis hoort men zowel de oproep tot gebed vanuit de Grote Imam moskee, als het gehamer van de koperslagers in de grote bazaar naast het paleis.

Omdat de islam het afbeelden van levende wezens verbiedt, hebben de abstracte vormen zich kunnen ontwikkelen. Deze toegepaste kunst geeft blijk van groot vakmanschap. De tegels met geometrische motieven die de muren van moskeeën sieren zijn beroemd.

Textiel en tapijten

Iran kent een lange traditie in het vervaardigen van bijzondere stoffen: fluweel, satijn, damast, brokaat, borduurwerk en natuurlijk het weven van tapijten. Kamelenwol, geitenwol, schapenwol, katoen en zijde worden gebruikt voor het maken van tapijten. Kleurstoffen werden van oudsher uit verschillende bloemen en fruit gehaald. Er zijn drie belangrijke tapijtmotieven, genoemd naar de steden waarin ze zijn ontstaan: Tabriz, Kashan en Isfahan. Tabriz-tapijt heeft een oppervlakte van 9-12 m^2, het is vrij dik en de wol is grof geknoopt. De kleur is vaak diep rood en blauw. De tapijten van Tabriz en Isfahan lijken op elkaar, maar hebben andere motieven. Ze hebben een dikke sierrand en andere vormen in het midden. Bij Tabriz-tapijten worden vaker bloemen afgebeeld, terwijl de tapijten van Isfahan de kosmos en het sterrenstelsel verbeelden. De mooiste tapijten van Iran zijn te vinden in Kashan. In deze regio worden de meeste verfijnde tapijtknopen gemaakt. Kashaanse tapijten zijn licht en worden vaak voor gebed gebruikt, soms als wandtapijten bij de rijkste Iraniërs in de woonkamers. Kelims zijn langwerpige tapijten die door nomaden gebruikt werden. Deze tapijten worden tegenwoordig gebruikt als decoratie in de gangen van huizen.

Musea

In Iran zelf en in Europa zijn uitgebreide collecties van Iraanse keramiek, tapijtkunst en schilderkunst te zien. Een deel van de collectie van de Russische Hermitage in Sint Petersburg was tijdelijk in Amsterdam te zien. Maar ook het Rijksmuseum voor Oudheden in Leiden heeft een collectie preïslamitische Iraanse kunst. Er wordt in dit museum Now Ruz gevierd. In Brussel bezitten de Koninklijke Musea voor Kunst en Geschiedenis in het Jubelpark een archeologische collectie met vondsten uit onder meer Iran. Perzische tapijten en kelims kan men ook in tapijtwinkels vinden. Het Louvre in Parijs en het British Museum in Londen hebben een grote collectie keramiek uit Persepolis.

In Teheran heeft het Nationaal museum, geopend in 1937, een ruime collectie archeologische en historische objecten, zoals aardewerk, boeken en munten vanaf de vroege IJzertijd. Het museum kent sinds 1996 ook een postislamitisch gedeelte met keramiek, tapijten en kalligrafie. Teheran heeft verder een museum voor moderne kunst, voor tapijtkunst, voor glas en keramiek en het Reza Abassi museum.

Kalligrafie en de grafische sector

Dankzij het islamitisch verbod op figuratieve schilderkunst hebben het schoonschrift en de grafische sector zich goed ontwikkeld. In april 2006 hield journaliste Eefje Blankevoort een lezing over de positie van de Iraanse grafische kunstenaars: *'Het hedendaagse Iran is een relatief onafhankelijk cultuurcentrum binnen de islamitische wereld. Eind vorige eeuw was Iran internationaal een geïsoleerd land. Na de revolutie van 1979 emigreerden veel Iraanse kunstenaars voornamelijk naar West-Europa en de Verenigde Staten. In de periode voor de revolutie van '79 en daarna ontwikkelden zich drie generaties grafisch ontwerpers. Het begon allemaal rond 1960 gedurende de zogenaamde Witte Revolutie, waarin de sjah verregaande modernisering (lees, verwestersing) van de*

Sjiitische moslims herdenken met het treurfeest Ashura de dood van imam Hosein in 680. Mannen gaan de straat op en geselen zichzelf. Er zijn optochten met klaagzangers en met religieuze bouwwerken, die op de schouders worden gedragen. Zelfverminking is niet meer toegestaan in Iran.
Foto: Annelies van Brink

Bezoekers bij de tombe van Hafez in Shiraz. Bij de Iraniërs staat deze beroemde dichter uit de 14de eeuw nog altijd hoog aangeschreven. Mensen citeren zijn werk uit hun hoofd en concerten van vertolkers van zijn verzen worden goed bezocht.

maatschappij doorvoerde en de kunstenaars kennis maakten met westerse kunst. Met name de vormgever Morteza Momayez zette het moderne grafisch ontwerpen in Iran op de kaart. Reza Abedini trad in zijn voetsporen en tegenwoordig studeren jaarlijks zo'n 800 grafisch ontwerpers af in Iran. Hun werk heeft een internationale inslag en een Iraanse ziel. Iraanse ontwerpers kunnen onafhankelijk werken mits zij zich buiten politiek en religie houden.'

Reza Abedini was een van de winnaars van de Prins Claus Prijs 2006. In een interview met het tijdschrift onze Wereld in 2007 zegt hij: *'Ik ben constant op zoek naar nieuwe methoden om onze eeuwenoude cultuur te visualiseren naar een moderne stijl. Ik doe dat het liefst bij het ontwerpen van culturele posters, bijvoorbeeld voor musea en films, omdat ik in een poster goed de ruimte heb om mijn creativiteit kwijt te kunnen. Ik denk dat de Iraanse kalligrafie de belangrijkste en meest complete vorm van kunst is in Iran, en eigenlijk in de hele islamitische wereld. Dat, plus onze rijke kunstgeschiedenis, zijn mijn belangrijkste inspiratiebronnen. Diverse disciplines hebben elkaar geïnspireerd waardoor de unieke Iraanse beeldcultuur van nu is ontstaan, met relatief weinig invloed van andere stijlen of smaakopvattingen uit de rest van de wereld, ondanks het feit dat het internet op grote schaal beschikbaar is. Ook zien we terug hoe de voortdurende aanwezigheid van de islam de visuele cultuur van vandaag mede heeft bepaald, net als in Europa de voortdurende aanwezigheid van het christendom de vormentaal sterk beïnvloed heeft.'*

Videokunst

Videokunstenaar Amir Ali Ghasemi toont in *The coffeeshop series* jongens en meisjes die onder het genot van een sigaret en 'westerse' cappuccino ongedwongen met elkaar praten. Dagcafés zijn een vrijplaats geworden voor de hippe jeugd, artiesten, kunstenaars en journalisten. Hier wordt geflirt, gediscussieerd en kunst gemaakt. *'Coffee shops in Iran are the symbol of social freedom to some degrees due to the absence of a proper public space'*, schrijft Amir Ali op zijn website. Zijn foto's en video-installaties laten het gevecht zien van de jonge intellectuele elite om de publieke ruimte te heroveren. Zijn werk laat echter ook de beperking van die vrijplaats zien: de vrouwen zijn onherkenbaar gemaakt. Door hun gezichten met witte stickers af te dekken blijft hun ware identiteit verhuld.

Weblogs en sms

De jonge generatie Iraniërs blijft zoeken naar nieuwe podia om zichzelf te uiten. De enorme behoefte aan zelfexpressie is duidelijk te zien in de relatief nieuwe vorm van publieke ruimte; het internet. Iran heeft met 70.000 webloggers een van de grootste internet communities ter wereld. Hier sturen webloggers hun meningen over religie, kunst, politiek en seks ongecensureerd de wereld in en ontmoeten gelijkgezinden elkaar in de talloze chatrooms. Internetfilters kunnen het proces van internationalisering en zelfexpressie slechts vertragen, uiteindelijk valt deze ontwikkeling, zelfs in Iran, niet tegen te houden.

De nieuwste trend is het sturen van politieke grappen per sms. De sms bereikt mensen heel snel en kan nog niet goed gecontroleerd worden. Binnen een paar uur zijn grappen heel Iran rond en sommige worden zelfs doorverteld op de Perzische uitzendingen van Voice of America. Een voorbeeld: 'Drie jongens zitten bij een meertje bij Karaj en zien een man verdrinken. Ze springen in het water om hem te redden. Het blijkt de president te zijn. Ahmadinejad is heel dankbaar en belooft al hun wensen te vervullen. 'Ik wil gaan trouwen, maar heb geen geld,' zegt de eerste jongen. 'Je krijgt een riante bruidsschat,' belooft Ahmadinejad. Hij kijkt naar de tweede jongen. 'Ik wil graag studeren,' zegt deze. 'Vijf jaar studiebeurs voor jou!', belooft de president. De derde jongen kijkt naar de grond. 'Vraag wat je maar wilt,' moedigt Ahmadinejad hem aan. 'Een rolstoel, meneer de president,' mompelt de jongen. 'Maar jongen toch, er is toch niets mis met je benen?' 'Nu nog niet, maar als ik straks thuis kom en vertel wat ik gedaan heb, breekt mijn vader al mijn botten!'

Sport: worstelen en voetbal

Hoe belangrijk de poëzie is, en hoe deze verbonden is met politieke beweging, blijkt uit het Iraanse worstelen. Deze traditionele sport is vrij onbekend buiten Iran. Het worstelen werd beoefend in de zogeheten *zurkhaneh*, de atleten worden *pahlevan* genoemd. De meest bekende Zurkhaneh in Iran was, tot de aardbeving in 2003, in de Citadel van Bam (Arg-e Bam).

De zurkhaneh is een gebouw met een koepel. In het midden van het gebouw, verzonken in de vloer, bevindt zich de ring waarbinnen de worstelaars vechten. Het worstelen in de zurkhaneh heeft een vrij onbekende maar fascinerende geschiedenis. Met de komst van de islam in Iran, rond de zevende eeuw, werden de mogelijkheden voor atleten om hun traditionele sport openlijk te bedrijven, ingedamd. Alles wat niet islamitisch was, moest clandestien gebeuren; de atleten beschouwen het lichaam echter als het huis van de menselijke geest, een huis dat onderhoud behoeft. Daarom organiseerden zij avonden met sport en poëzie in het verborgene.

Er ontstond een sociale beweging die zich verzette tegen islamisering en arabisering van Iran. Deze beweging werd *Ayyarie*-beweging genoemd. De leden van de Ayyarie beweging waren ridders en werkten samen met verschillende zurkhaneh-houders in het land. Ayyarie betekent 'het pure'.

De pahlawan

De pahlawan van de zurkhaneh is een eerlijke en rechtvaardige man. Hij staat altijd klaar om zijn fysieke kracht voor een goede daad in te zetten. Hij is een gedisciplineerd man met een enorm fatsoensbesef. Hij is geen denker, je zou hem kunnen vergelijken met Hercules in Europa. De pahlawan heeft een introvert karakter.

De ethiek van de Zurkhaneh is gebaseerd op mannelijkheid en moed. De regels van de Zurkhaneh verbieden het gebruik van elke truc die de tegenstander kleineert of die hem zou kunnen vernederen voor het publiek. Deze drie bovengenoemde stromingen hebben één ding gemeen: God is de schepper van het leven en in zijn schaduw smeekt de pahlawan om zijn gezondheid en voor goddelijke bescherming.

Eten en drinken

De maaltijd is een belangrijk gegeven in een Iraans huishouden en de meeste vrouwen besteden er veel tijd aan. Vaak eten mensen op de grond, aan de sofreh, een plastic tafelzeil dat op het tapijt wordt uitgespreid. Vaak eet men met bestek, maar sommige gerechten worden van het bord geplukt met een plat brood (nun of nan) in de rechterhand. Groenten ontbreken zelden bij de maaltijd, meestal staat een mandje verse groene kruiden (saabzi) met radijsjes klaar en daar wordt door iedereen uit geplukt. Een goede schoondochter wordt getest in de keuken; met name de zorgvuldigheid waarmee ze de verse kruiden schoonmaakt en ontdoet van bruine blaadjes is van belang. In veel parken en in de natuur buiten de stad ziet men hele families picknicken. Mensen rijden soms uren op zoek naar een mooie plek om neer te strijken en de sofreh uit te spreiden. Alcohol is officieel verboden. In openbare gelegenheden moet de reiziger het stellen met maltbier en (versgeperste) vruchtensappen. Er wordt wijn en sterke drank gestookt door mensen thuis. De Shirazdruif is wereldberoemd, maar daarvan wordt nu in Iran zelf geen wijn meer gestookt. Wijnranken zijn meegenomen naar onder meer Australië, dat nu Shirazwijn exporteert.

Hippe jongeren in Teheran wagen zich aan de cappuccino, maar de belangrijkste drank is thee. Het water wordt gekookt in de samowar, waarop ook de theepot staat met heel donkere thee, die wordt aangelengd met kokend water. Er zijn wel theezakjes te koop, maar thee wordt meestal los verkocht, in speciale winkels of op de bazaar.

Fesenjun
Dit gerecht wordt vaak klaargemaakt als er gasten komen.
Benodigdheden: 1 ui, olijfolie, 1 theelepel kurkuma, 400 gr. gemalen walnoten, halve liter kippenbouillon, kip, 1 dl. granaatappelsap of twee granaatappels, sap van twee citroenen, 2 lepels suiker of honing.
Bereidingswijze: ui snijden en fruiten in de olie met de kurkuma. Kip in kleine stukjes snijden en toevoegen. Bouillon toevoegen en zo'n 20 minuten met deksel op de pan laten sudderen. Granaatappel(sap) mengen met walnoten, citroensap en suiker en mee laten sudderen. Laat het deksel van de pan. Warm opdienen met rijst.

Voor de pahlawan is het van groot belang dat hij uit de mystieke wereld de drie hoofdzaken kent: poëzie, muziek en dans. Deze moeten zijn persoonlijke en innerlijke band met het goddelijke versterken. Een van de rituelen is de dans, die niets anders is dan lange tijd op het ritme van de muziek, rond de eigen as draaien. Door de draaiende beweging wordt er veel energie opgewekt, die de pahlawan met de ene hand die naar de hemel wijst opvangen en met de andere hand die richting de aarde wijst weer teruggeven aan de aarde en aan de omstanders. De atleten raken in trance en komen los van het aardse of de zwaartekracht en bereiken op deze wijze een hemels niveau. Dit is een devote en liefdevolle ervaring die hen met diepe vreugde vult.

In de Zurkhaneh worden diverse soorten literatuur gebruikt, met elk een eigen politieke overtuiging. Een daarvan is het *Boek der Koningen* van Ferdowsi. De andere literaire traditie is afkomstig uit een mystieke, spirituele beweging, het soefisme. De derde literatuurstroming is afkomstig uit de Zurkhaneh zelf. Een legendarische pahlawan, Pouria-ye Vali uit 1322, schreef zelf gedichten. Hij is een van de mystici van de Zurkhaneh en wordt nog steeds een van de belangrijke voorbeelden uit de geschiedenis van de traditionele sport genoemd. Hij staat er bekend om dat hij tijdens het worstelen zijn tegenstander nooit vernederde. Poruaye Vali stelt de pahlawan centraal in zijn poëzie en geeft deze een sociaal karakter.

In de jaren zestig van de vorige eeuw kwam een nieuwe generatie geëngageerde pahlawans naar voren, die zich bezighielden met de dagelijkse, sociale ongelijkheid in de samenleving. Golam Reza Takhtie (1930-1968) was een van de belangrijkste pahlawans van die tijd. Hij nam het op voor democratie en vrijheid in Iran.

Voetbal

Voetbal is inmiddels volkssport nummer één in Iran. Op de televisie wordt uitgebreid aandacht besteed aan het nationale en internationale voetbal. Thuis wordt vaak over voetbal gesproken en er zijn diverse voetbaltijdschriften. Het eerste WK waaraan Iran, drievoudig kampioen van Azië, deelnam was Argentinië 1978. Na de revolutie was het verboden

Iraniërs in de Lage landen

In België leven naar schatting 10.000 tot 12.000 Iraniërs. In Nederland staan zo'n 29.000 Iraniërs geregistreerd, en zijn er vermoedelijk een paar duizend meer die nog geen verblijfsvergunning hebben. De meesten van hen zijn hoogopgeleide vluchtelingen, die in de regel goed geïntegreerd zijn. Iraniërs zien elkaar wel bij feesten en concerten, maar mengen zich meestal met de overige bevolking. Vaak werken ze als ondernemer of bijvoorbeeld als tandarts.

In België laten ze niet zo van zich horen op het politieke vlak als in Nederland. Wel zijn Iraniërs er actief bij het organiseren van concerten of andere cultuuruitingen. Er zijn wel culturele verenigingen. Persepolis (www.persepolis.be) was daar één van, maar is sinds 2007 overgegaan in een Europese site. Hun activiteiten zijn vooral cultureel van aard. Zij hebben als doel integratie tussen Iraniërs en Belgen te vergroten. De community site www.iranian.be is bestemd voor Iraniërs in België. Daarnaast zijn er Iraniërs die hulporganisaties voor vluchtelingen hebben opgezet en hen helpen als er problemen zijn. De internationale politieke partijen, zoals Mojaheddin, zijn ook in België actief. Maar veel Iraniërs willen liever niet met hen geassocieerd worden.

In Nederland doen tal van Iraniërs van zich spreken, zowel in de politiek als in het culturele leven: schrijver Kader Abdollah, voormalig parlementslid en huidig directeur van Oxfam Novib Farah Karimi, hoogleraar Halleh Ghorashi, tv-journalist Bahram Sadeghi en jurist en columnist Afshin Elian, om de bekendste te noemen.

Minder bekend maar zeker invloedrijk zijn de activist Ahmad Pourri, die opkomt voor de rechten van (uitgeprocedeerde) vluchtelingen, en de journaliste Mina Sadaadi, van persbureau Shahrzad. We noemen verder intellectuelen als Farhad Golyardi, hoofdredacteur van tijdschrift Eutopia, Touraj Atabaki, hoogleraar nieuwe geschiedenis in Amsterdam en Mehdi Parvizi Amineh, docent internationale politieke betrekkingen aan de Universiteit van Amsterdam. Asef Bayat is wetenschappelijk directeur van het ISIM, the International Institute for the Study of Islam in the Modern World.

In de kunsten zijn Iraniërs ook goed vertegenwoordigd: documentairemaker Reza Allamezadeh en filmmaker Rajab Mohammadin, kunstenares Soheila Najand, cartoonist Farhad Foroutanian, dichter Amir Afrasiabi, schrijvers Nasim Khaksar en Nasser Fakhteh, componist Hamid Tabatabaei en theaterregisseur Ali Koejiri zijn de bekendste.

Ook de jongere generatie doet al van zich spreken: de initiatiefneemster van het Iraans Filmfestival, Parwin Roghyeh Mirrahimy, en de organisator van het grote popfestival Iranian Intergalactic Music Festival in Zaanstad, Manny Nickpour. Bekend zijn ook Shervin Nekuee publicist en socioloog, Asghar Seyed-Gorab, docent Perzische taal bij de universiteit Leiden, dichteres Nafiss Nia en de directeur van Radio Zamaneh, Mehdi Jami. In het cultureel café Mezrab in de Amsterdamse Jordaan zijn regelmatig optredens en kleine concerten.

In Nederland zijn veel Iraanse zelforganisaties, of organisaties opgezet door Iraniërs, zoals de Vereniging Iraanse Academici Nederland, Democratische Iraanse vrouwen Vereniging (DIVV), Vereniging Iraanse Vluchtelingen (VVIV), de Iraanse-Nederlandse Vereniging (INV), de Delftse studentenvereniging ISAN, het Comité voor vrede, vrijheid en democratie in Iran. Maar ook politiek sociale initiatieven als de website Waterland.nl of het tijdschrift Eutopia hebben Iraans-Nederlandse wortels. Voor een relatief kleine gemeenschap is dat een niet geringe oogst.
In diverse besturen en in de politiek kan men Iraniërs vinden. Dat heeft deels te maken met de volksaard (eigenzinnigheid valt vaak goed in Nederland) maar waarschijnlijk vooral met het feit dat vooral de hoogopgeleide Iraniërs naar Nederland zijn gekomen. Veel van de Iraanse BN-ers droegen in hun jonge jaren bij aan de revolutie en de val van de sjah.

om bij voetbalwedstrijden te applaudisseren, want dat was volgens Khomeini een westerse gewoonte. Men moest in plaats daarvan zijn vuist zo hoog mogelijk houden en Allahoe Akbar roepen: God is groot. En als voetballers elkaar geweld aandeden riep men: 'Dood aan Amerika' of 'Dood aan Israël'.

Het voetbalstadion is de enige plek waarin de jongeren massaal bij elkaar komen. De laatste jaren van de Iran-Irakoorlog werden veel jongeren die dienstplichtig waren in het stadion opgepakt. Daarom was er in de laatste jaren van de oorlog haast geen publiek.

In 1989 werd opnieuw geïnvesteerd in voetbal. Er kwamen commerciële voetbalclubs. Er kwamen weer reclameborden in de stadions met westerse beeldreclames. Trainers en voetballers werden gekocht van buitenlandse clubs. In de aanloop naar het WK in Frankrijk in 1998 presteerde het Iraanse nationale elftal opvallend goed, ze versloegen onder meer Australië. In Frankrijk speelden ze een historische wedstrijd tegen de VS. De Iraanse spelers hadden cadeautjes meegenomen voor de Amerikanen. Het Iraanse team won, en dat bracht heel Iran in staat van vervoering. Overal gingen mannen en vrouwen de straat op, toeterend in hun auto's, zingend en zwaaiend met Iraanse vlaggen. Jongens en meisjes dansten op straat en er was niemand die hen dat belette.

Vrouwen mochten lange tijd niet in voetbalstadions komen, het bekijken van blote, harige mannenbenen zou hen wel eens op onzedige gedachten kunnen brengen. Maar toen het Iraanse elftal uitzonderlijk goed presteerde tijdens de Wereldcup van 2002, werden ze bij hun terugkeer spontaan verwelkomd in een van de grote voetbalstadions van Teheran. Zowel jongens als meisjes waren in het stadion en juichten de voetballers toe. De politie trad niet op en het feest verliep op een ordelijke manier. De dag daarna moest Khatami in het parlement verantwoording afleggen aan de conservatieven. Er kwamen Kamervragen over het zien van mannenbenen. Toch werd dankzij de spontane actie van de jonge meiden de wet aangepast. Er is nu een apart vrouwenvak in het voetbalstadion. Regisseur Jafar Pnahi maakt er in 2006 de docufictie *Off side* over die via het filmfestival in Rotterdam (2007) ook in de Nederlandse bioscopen te zien was.

Beweging van binnenuit

Veel westerlingen die Iran bezoeken gaan van het land houden. De gastvrije ontvangst en de beschaafde omgangsvormen dragen daar aan bij. Maar iedereen die van Iran houdt, maar ook vrijheid en onafhankelijkheid waardeert, wordt regelmatig in die liefde teleurgesteld. Van de drie doelen in de revolutionaire leuze '*esteghlal, azadi, jomhuri-e eslami*' (onafhankelijkheid, vrijheid, islamitische republiek) is vooral de vrijheid ernstig in de knel geraakt.

Maar ook het islamitische gehalte van de republiek staat ter discussie. Het islamitisch bankieren faalt, er wordt volop alcohol gedronken en drugs gebruikt, vrouwenhandel vindt op grote schaal plaats. Het belangrijkste Iraanse feest heeft zelfs niets met de islam van doen. Het zijn vooral de vrouwen die door hun kleding en gedrag de eer van de islamitische republiek hoog moeten houden. Vrouwen merken als eersten het effect van politieke veranderingen. Zodra er wat meer politieke vrijheid komt, kunnen zij zich vrijer gaan kleden; maar als de conservatieve wind weer aantrekt, dreigt onmiddellijk arrestatie wegens *bad hejab*, onkuise kleding.

Het grimmige beeld van Iran dat in het Westen overheerst is terecht: in gevangenissen worden mensen gefolterd vanwege een afwijkende mening; anderen worden in het openbaar geslagen, gestenigd of opgehangen. Maar er is een beperkte mate van vrijheid van meningsuiting en van persvrijheid. En er zijn verkiezingen. De keuzemogelijkheden zijn weliswaar zeer beperkt, maar een zekere mate van deelname aan de besluitvorming is mogelijk. Dat alles was er voor de revolutie niet.

Iran bewandelt een eigen weg. Het politiek bewustzijn van de bevolking is toegenomen, mede dankzij de duidelijke eigen positie die het land inneemt in de wereldpolitiek. Niet meer aan de leiband van de VS lopen was een van de doelstellingen van de revolutie; dat is gelukt. Ook de jongeren en ouderen die stevige kritiek hebben op het regime kiezen zeker niet klakkeloos de zijde van de Amerikanen. Een eigen weg kiezen betekent overigens niet volledige onafhankelijkheid: voor zijn inkomsten blijft Iran afhankelijk van de verkoop van olie, en die gaat nog altijd voor een groot deel naar het Westen.

De Iraanse regering wil een eigen islamitische weg bewandelen, met islamitisch feminisme, een eigen nationale identiteit en eigen kunstuitingen. Eigenzinnigheid is zeker een karaktertrek van het Iraanse volk. De 'Derde Weg' die Khomeini nastreefde wordt door de meeste Iraniërs als goed en juist beschouwd.

De laatste dertig jaar pendelt de Iraanse samenleving tussen het moderne en traditionele leven. Paradoxen horen daarbij. Het leven van vrouwen kent veel wettelijke beperkingen, maar door de alfabetiseringscampagne hebben ze in veel sectoren een sterkere maatschappelijke positie dan onder de sjah verworven. De alfabetisering van vrouwen lijkt een achilleshiel van de islamitische staat te worden. Vrouwen raken steeds beter opgeleid, worden mondig, vinden goede banen en worden economisch zelfstandig. Daarnaast is er de grote groep jongeren die geen werk vindt en onder wie de onvrede toeneemt. Zowel vrouwen als jongeren organiseren zich op allerlei creatieve manieren tegen de beperkingen die hen worden opgelegd. Dat zegt iets over de veerkracht en vindingrijkheid van de Iraniërs, die ondanks de merkbare algehele moedeloosheid, toch steeds weer de kop opsteekt.

Een andere paradox komt van buiten Iran. Terwijl de VS zeggen vrijheid en democratie voor Iran te willen, is het effect van Amerikaanse benadering voor de Iraniërs die naar hetzelfde streven bijzonder nadelig. Vrouwenorganisaties, media, studentenorganisaties: ze zijn voortdurend op zoek naar mogelijkheden hun rechten te versterken en te waarborgen. Maar de demonisering van Iran door de VS pakt voor hen desastreus uit. Het geeft de conservatieve leiders een excuus om, onder het mom van patriottisme, alle ontluikende vrijheden weer in te perken. De Amerikaanse inmenging in buurland Irak heeft laten zien dat het nog een lange weg is om, na het omverwerpen van een dictatuur, te komen tot democratisch zelfbestuur. Vrijwel niemand in Iran ziet heil in een volgende revolutie, of in een inval door de VS. De enige manier om duurzame democratisering in Iran te bevorderen is steun geven aan de mensen en groepen in het land die daar aan werken.

Praktische informatie

Reisinformatie

Reizen in Iran vraagt van de westerse reiziger een aanpassing in kleding. Vrouwen een lange blouse of jas tot over de billen en een hoofddoek, mannen een overhemd met lange mouwen en broeken met lange pijpen. De Iraanse gastvrijheid is ongekend. Geregeld worden toeristen te eten of te picknicken gevraagd. Binnenshuis draagt iedereen gemakkelijke kleding.

Wat te zien en te doen?

Bergbossen, woestijnen en palmenstranden. In Iran kan men zowel skiën als zonnebaden (wel met kleren aan). Ook de cultuurliefhebber komt er aan zijn treken met steden als Isfahan, Shiraz, het woestijnstadje Yazd en de beroemde tapijten van Kashan.

De hoofdstad is geen toonbeeld van schoonheid. In Teheran is de bazaar de moeite van het bezoeken waard. Er zijn een paar interessante musea en galeries. Engelstalige Teheraanse kranten bieden informatie over actuele tentoonstellingen. Elke vrijdag gaan vele Tehranis wandelen in de bergen in het noorden van de stad.

Om een beeld te krijgen van de Iraanse kunst en geschiedenis reist u naar Isfahan, juweel van de islamitische architectuur, en Shiraz, de stad van rozen en dichters. Niet ver van Shiraz ligt bovendien Persepolis, de oude stad van de Perzische koning Darius.

Wie kennis wil nemen van de voorislamitische geschiedenis reist naar Yazd of Kerman. Daar zijn nog zoroastrische gemeenschappen en vuurtempels. Een paar uur rijden richting Afghanistan langs de randen van de Lutwoestijn ligt de oude stad Bam. De citadel van Bam is helaas voor een deel verwoest tijdens de aardbeving van 2003, aan herstel wordt gewerkt.

Wie een pelgrimsoord wil bezoeken kan doorreizen naar het noordoosten, naar Mashhad, daar staat de reliekschrijn van Imam Reza, jaarlijks het doel van honderdduizenden pelgrims.

De Kaspische Zeekust is redelijk zacht van klimaat. Veel Iraanse toeristen brengen daar graag de zomervakantie door vanwege de mooie combinatie van bergen, bos en zee.

Infrastructuur en accommodatie

Vliegen is de gemakkelijkste en een relatief goedkope manier van reizen. Een binnenlandse vlucht kost zeker niet meer dan 100 euro, en wie met Iran Air reist krijgt er een binnenlandse vlucht gratis bij. Het is de moeite waard om vooraf de binnenlandse vluchten te boeken. Wie meer tijd heeft kan zich wagen aan een lange bus- of treinreis. De meeste grote steden hebben goede hotels. Het Abbasi Hotel in Isfahan is zeer de moeite waard vanwege de mooie binnentuin en het theehuis. Via hun websites kan men vooraf in de meeste grote hotels reserveren.

Reisdocumenten

Nederlanders en Belgen hebben een paspoort nodig dat nog zes maanden geldig is bij binnenkomst in Iran. Visa zijn te verkrijgen bij de consulaten of visabureaus.

Beste reistijd

De mooiste tijd om in Iran te reizen is de lente, maart tot en met mei. Daarna wordt het in grote delen van het land te heet om comfortabel te zijn. 's Winters wordt het vaak erg koud, met hevige sneeuwval. De herfst kan ook aangenaam zijn, tot half november valt er nog niet zoveel regen.

Gezondheid

Vaccinaties zijn niet verplicht. De gezondheidszorg in Iran is behoorlijk goed ontwikkeld, er zijn veel ziekenhuizen en poliklinieken in de meer afgelegen gebieden. Al het fruit moet vooraf gewassen worden om het gevaar van diarree te vermijden. Bronwater is op de meeste plaatsen te krijgen, kraanwater moet vooraf worden gekookt; het wordt wel gebruikt om thee mee te zetten.

Documentatie (selectie)

Non-fictie

Adamova, Adèl, *Perzië. Dertig eeuwen kunst & cultuur*, Zwolle 2007.

Alavi, Nasrin, *Wij zijn Iran, De jonge Iraanse weblogscene*, Amsterdam 2007.

Amirpur, Katajun, *Shirin Ebadi en haar strijd om de toekomst van Iran*, Amsterdam 2004.

Armstrong, Karen, *Islam. Geschiedenis van een wereldgodsdienst*, Amsterdam 2001.

Balaghi, Shiva; Gumpert, Lynn, *Picturing Iran. Art, society and revolution*, Londen 2002.

Dabashi, Hamid, *Close up. Iranian cinema, past, present and future*, Londen 2001.

Daniel, Elton L.; Mahdi, Ali Akbar, *Culture and customs of Iran*, Westport, CT 2006.

Dew, Philip; Shoult, Anthony; Wallace, Jonathan, *Doing business with Iran*, Londen 2002.

Golyardi, Farhad et al., *Andere berichten uit Teheran. Iraanse identiteit na het fundamentalisme*, Amsterdam 2000.

Heshmat Manesh, Sharog, *Zoon van de zon, een geschiedenis van de Iraanse cinema 1904-1996*, 1997 Amsterdam.Issa, Rose et al., *Iranian contemporary art*, London 2001.

Kapuscinksi, Ryszard, *De Sjah aller Sjahs*, Amsterdam 1986.

Karimi, Farah, *Het geheim van het vuur. Strijdend voor vrijheid van Teheran naar Den Haag*, Amsterdam 2005.

Kasraian, N.; Arshi, Z.; Alian, Minoo, *The North of Iran*, Tehran 2000.

Katouzian, Homa; Shahidi, Hossein, *Iran in the 21st century. Politics, economics and conflict*, Abingdon 2008.

Kersbergen, Patricia, *Op bezoek in Iran*, Amsterdam 2008.

King, John, *Iran en de islamitische revolutie*, Etten-Leur 2006.

Mafinezam, Alidad; Mehrabi, Aria, *Iran and its place among nations*, Westport, CT 2008.

Mernissi, Fatima; Al-Azm, Sadik; Soroush, Abdulkarim *Religie en moderniteit*, Breda 2004.

Mottahedeh, Roy, *The Mantle of the Prophet, Religion and Polictics in Iran*, Oxford 2000.

Nafisi, Azar, *Lolita lezen in Teheran*, Amsterdam 2004.

Nâmju, Abbâs; Khânsâri, Farhâd; Barzegar, F.; Tabâtabâyi, A., *Iran. Cultural life*, Teheran 2002.

Nekuee, Shervin, *De Perzische paradox:verhalen uit de Islamitische republiek Iran*, Amsterdam 2006.

Omidi, Carolien, *Het vuur van Perzië*, Amsterdam 2003.

Oosthoek, Jan, *De waanzin in en om Iran*, Vught 2006.

Shirazi, Faegheh, *The veil unveiled. The hijab in modern culture*, Gainesville, FL 2001.

Semati, Mehdi, *Media, culture and society in Iran. Living with globalization and the Islamic state*, Abingdon 2008.

Tapper, Richard; Thompson, Jon; Kasraian, Nasrollah, *The nomadic peoples of Iran*, Londen 2002.

Yassavoli, Javad; Faridani, Nicol, *The fabulous land of Iran. Colourful and vigorous folklore*, Teheran 2001.

Literatuur en poëzie

Abdolah, Kader, *Het huis van de moskee*, Breda 2005.
Abdolah, Kader, *Spijkerschrift: notities van Aga Akbar* Breda 2000.
Amirrezvani, Anita, *Dochter van Isfahan*, Amsterdam 2007.
De Bruijn, J. *Een karavaan uit Perzië, klassieke Perzische poëzie*, Amsterdam, 2002.
Danish, D., *Een goede dag om te sterven*, Breda 2006.
Golshiri, H., *Prins Ehtedjab en andere Iraanse verhalen*, Amsterdam 2007.
Hedayat, S., *Zeven korte verhalen*, Amsterdam 1999.
Hedayat, Sadegh, *The Blind Owl*, New York 1957-1989.
Nia, Nafiss, *Stegen van stilte. Een keuze uit 100 jaar moderne Perzische poëzie*, Amsterdam 2007.
Ruben, Liesbet, Babet van Ogtrop. *De paradijsstraat*, Amsterdam 2003.
Parsipur, S., *Vrouwen zonder mannen. Een Iraanse novelle*, Amsterdam 2006.
Saadi, *De rozentuin*, vertaling uit 1997, Amsterdam 1997.
Sofer, Dalia, *September in Shiraz*, Amsterdam 2007.

Reisverhalen

Baradaran, Monireh, *De naakte waarheid. Overleven in een vrouwengevangenis in Iran*, Amsterdam 2001.
Blankevoort, Eefje, *Iran. Stiekem kan hier alles*, Amsterdam 2007.
Christiaans, Nicole, Van Camp, Gaston, *Tussen gratie en gruwel. Een Iran-reis*, Amsterdam 2002.
Hakakian, Roya, *Leven in het land van 'nee'. Opgroeien als meisje in revolutionair Iran*, Amsterdam 2004.
Karskens, Arnold, *Berichten van het front*, Amsterdam 1995.
Medema, Nies, *In de hemel krijg je fruit. Berichten uit Iran*, Amsterdam 2001.
Roelants, Carolien; Czerwinski, Bas, *Iran achter de schermen. De ziel van de mullahs*, Amsterdam 2001.
Thiry, August, *Land van beloften:vrouwen onder de Islam*, Leuven 2004.
Wearing, Alison, *Huwelijksreis in hijab. Gesluierde rondreis door Iran*, Amsterdam 2000.
Wheeler, Tony, *Bad lands. A tourist on the Axis of evil*, Footscray 2007.
Zadhe, Kameran, *Over de bergen. Vlucht uit Iran*, Rotterdam 1998.

Reisgidsen

Burke, Andrew; Elliott, Mark; Mohammadi, Kamin, *Lonely Planet Iran*, Footscray 2004.
Deuren, G. van, *Dominicus Iran*, Haarlem 2002.
Wilson, Paul, *The Silk roads. A route and planning guide*, Londen 2007.

**Met dank aan KIT Bibliotheek en Kenniscentrum Tropenmuseum.
Meer via www.kit.nl/library.**

Informatieve websites

www.evd.nl en www.minbuza.nl Sites van de Nederlandse ministeries van Economische zaken en Buitenlandse Zaken met veel economische en praktische informatie, evenals reisadviezen.

www.payvand.com Engelstalige portal site met verwijzingen naar nieuws, cultuur en informatie.

www.tcmo.leidenuniv.nl/nieuw-perzisch Studierichting Perzisch van de universiteit Leiden.

www.shahrzadnews.com Nieuwssite gemaakt door Iraanse vrouwen in en buiten Iran, overwegend in Farsi, maar soms Engelstalige berichten.

www.radiozamaneh.com In Nederland gevestigde radiozender, met een website waar veel te vinden is over Iraanse bloggers, helaas alleen in het Farsi.

www.radiofarda.com Iraanse radiozender in Praag, met een Engelstalig deel.

www.bbc.co.uk/persian Actuele informatie, ook veel achtergrond over bijvoorbeeld de ingewikkelde staatsinrichting.

www.hrw.org
Mensenrechtenorganisatie Human Rights Watch geeft dossiers in Engels en Farsi. Helaas zijn de websites van Shirin Ebadi zelf geblokkeerd, maar op de site van de Nobelprijs staat informatie over haar. http://nobelprize.org/nobel_prizes/peace/laureates/2003

www.eutopia.nl Nederlandstalige magazine biedt regelmatig artikelen over Iraanse cultuur en politiek, die ook online te lezen zijn.

www.onzemaninteheran.com De website van NRC-correspondent Thomas Erdbrink brengt vaak gedegen nieuws en ook aardige human interest verhalen.

www.aidanederland.nl Informatie over Iraanse kunst en kunstenaars.

www.iraansestudenten.nl Nieuws en informatie voor en van Iraanse studenten in Nederland.

www.isim.nl Engelstalige site van het Internationale instituut voor de Studie van de Islam in de Moderne wereld.

www.shamlu.com Website van de Iraanse moderne dichter Ahmad Shamlu, met vertalingen in diverse Europese talen.

www.blogsbyiranians.com Verzamelsite met Engelstalige Iraanse bloggers

Nuttige adressen

Nederland

Ambassades

Ambassade van Nederland in Iran
Darrous
Shahrzad Blvd, Kamassale Street
First East Lane no. 33
Teheran
Tel: +98 (0) 21 2256 7005
Fax: +98 (0) 21 2256 6990

E-mail: teh@minbuza.nl
Website: www.mfa.nl/teh-nl

Ambassade van Iran in Nederland
Amaliastraat 8
2514 JC Duinweg 20
2585 JX, Den Haag
Tel: 070 354 8483 / 338 4000
Fax: 070 350 3224
E-mail: info@iranianembassy.nl
Website: www.iranianembassy.nl

België

Ambassades

Ambassade van België in Iran
Avenue Shadid Fayyazi 155-157
(ex.-Fereshteh)
16778 Teheran
P.O. Box 11365 – 115 Teheran
Tel: +98 (21) 2204 1617 / 9247
Fax: +98 (21) 2204 4608
E-mail: Teheran@diplobel.org
Website: www.diplomatie.be/tehrannl

Ambassade van Iran in België
F.D. Rooseveltlaan 15
1050 Brussel
Tel: 02 627 0350 / 51
Fax: 02 762 5549
E-mail: secretariat@iranembassy.be
Website: www.iranembassy.be

Overzichtskaart Iran
Vouw open